吉兆を招く神獣・七福神・花鳥風月を切って飾る

福々切り紙

小宮山逢邦

誠文堂新光社

はじめに

最近、切り絵を制作する人が増えたようです。子どもの集まりとかお年寄りの集まりで切り絵を楽しんでいただけるのは、とてもうれしいことです。

今回の本は、おめでたいもの、楽しいもの、縁起のよいものなど、福を呼ぶと言われるものを集めた幸運の作品集となります。

ハサミだけでできる簡単なものから、やや難易度の高いものまで、たくさん収録しました。季節に合わせ「達磨」を切ったり、秋には「名月」を切って飾ったり、友達にあげても喜ばれます。もっと多くの幸運を求めて、「七福神」を切って、額にいれるのもいいかもしれません。

手を動かして細かい作業をすることは、脳を活性化させるそうです。この手仕事自体が幸せを呼びそうですね。ぜひこの機会に、切り紙にチャレンジしてみてください。

小宮山逢邦

もくじ

切り紙の基本

切り紙は、たたんだ紙を切る遊び。江戸時代には紙切り遊びと言われていました。紙を開くときの感動が、一番の喜びです。

紙をたたみますので、薄い紙でも２倍、４倍と厚くなります。その分、力もいりますし、慎重に切らなければなりません。この緊張感が脳を活性化させるそうです。

巻末にある型紙をコピーして使います。15cm正方の折り紙に対して50%の大きさで掲載してあります。200%の拡大コピーを取りましょう。少し大判の18cm正方という折り紙もあります。普通に文房具店で買えます。細かいものが苦手とか、視力が少し落ちてきた方は、この大判を使うと楽です。大判を使う場合は240%の拡大コピーをとってください。

型紙をコピーするときの比率

15cm

15 cm

200%
拡大コピー

15×15cmの折り紙の場合

18cm

18 cm

240%
拡大コピー

18×18 cmの折り紙の場合

市販されている折り紙と、本書の巻末についている型紙（拡大コピーする）とを重ねます。

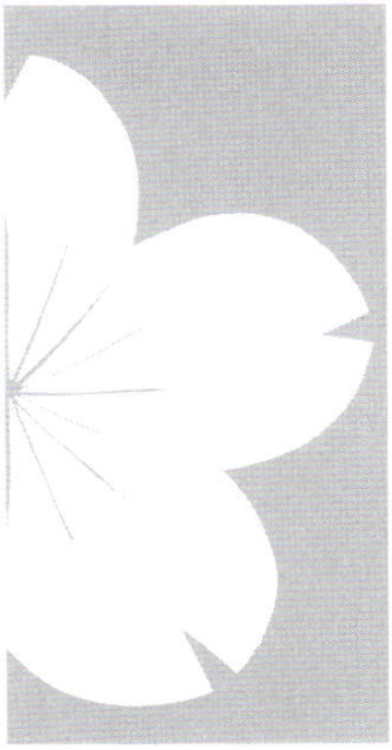

ホッチキスで固定した後、デザインナイフなどで型紙に沿って切り取れば、完成です。

道具の使い方

切り紙制作の基本的な流れは、次の通りです。必要な道具と合わせてご紹介しましょう。

まず、本書巻末の型紙集の中から、切りたい絵柄を選んで拡大コピーを取ります。コピーを取る方法は、128ページに掲載していますので参考にしてください。

次に、コピーした型紙をボール紙の上に置き、ものさしを当ててカッターで切ります。切り取った型紙は折り紙の中心と合わせ、灰色の部分で切るときに邪魔にならないところをホッチキスで止めます。なるべく多く止めた方が安定して切ることができます。

折り紙と型紙の固定作業が終わったら、切るときの下敷きを用意します。ボール紙を使用する場合は、表面の柔らかいものを選んでください。例えば、色紙の表面くらいの固さがよいでしょう。もし手に入るなら、カッティング・マットの方が適しています。これも、板が曲がるくらい柔らかいものがよいです。最近では百円ショップでも売っていますし、文房具屋でも手に入ります。

そして、切るための道具が必要です。文房具屋ではデザイン・ナイフもしくはデザイン・カッターが売られています。メーカーによって名称は違いますが、次ページの写真のような、先端に刃先を装着して使うものを選ぶとよいでしょう。切り紙をやる場合は刃先30°のものを使います。刃先30°の替え刃も売っています。切れ味が落ちたり、刃先が欠けたら付け替えます。

124ページの実演でも書きましたが、紙に対して刃先が直角に切れ込むように切ります。めったにありませんが、固い下敷きの上とか、斜めに切り込んだときとか、刃先が折れる場合がありますので注意してください。

また、ピンセットも用意しておくと便利です。切った紙の破片を取り除くときなどに使用します。

そろえておくと便利な切り紙道具

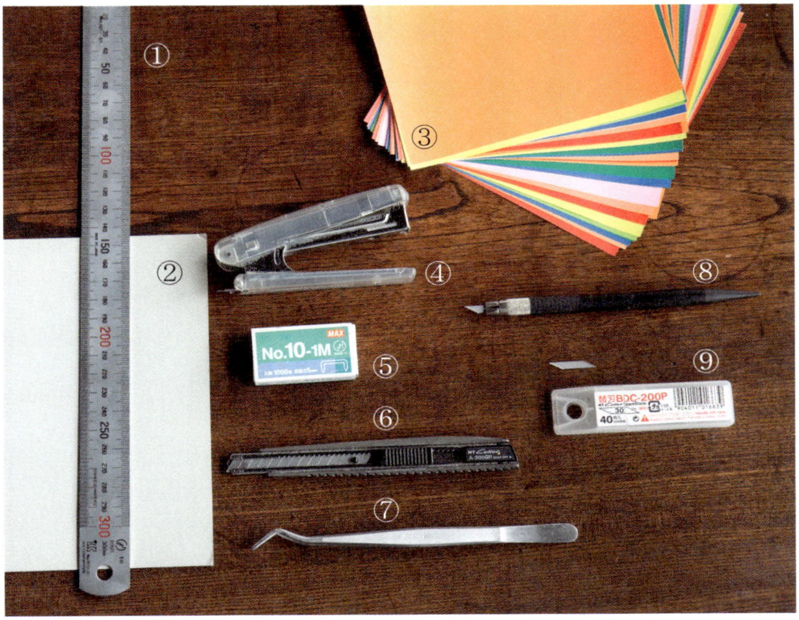

①ものさし
②ボール紙
(下敷きにする)

③折り紙
④ホッチキス
⑤ホッチキスの針
⑥カッターナイフ
⑦ピンセット
(切り取った破片を取り除く)

⑧デザインナイフ（30°）
⑨替え刃

型紙を使わずに鉛筆下書きから作る

オリジナル作品にも挑戦してみましょう。型紙を使わずに、直接折り紙に鉛筆で下書きを描いて、切り紙を作ることもできます。

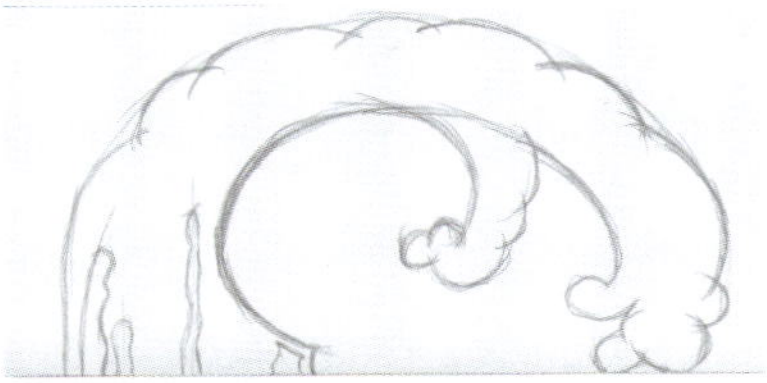

カッターナイフ専用の下敷きを用意する

文房具店や百円ショップでは、カッティング・ボードあるいはカッティング・マットという名前で、カッターナイフ専用の下敷きが売られています。ボール紙よりこちらのほうが使いやすいかもしれません。板が曲がるくらい柔らかいものを選びましょう。

切り紙の紙の折り方

切り紙の基本は、折り紙を折ってから切り、それをひろげる、というものです。紙の折り方はたくさんありますが、今回はＡ～Ｆの６種類で全てできるようにしました。折り紙は正確に正方形にできています。表面（色がついている側）を内にして折り、角を正確に合わせます。四つ折り以上になると、紙の重なりが厚くなり少し力がいりますので、爪を使ってしごくように、しっかりと押さえてください。

A TYPE 二つ折り

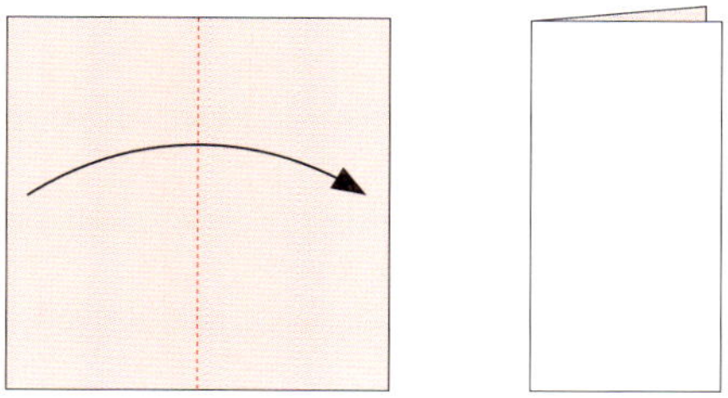

点線で二つに折ります。

二つ折りのできあがり。

B TYPE 斜め二つ折り

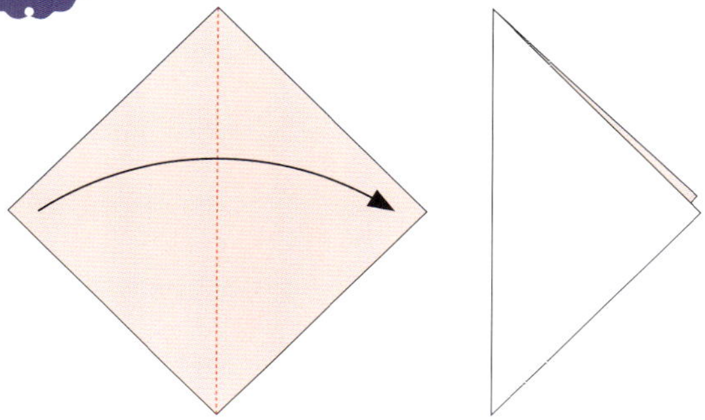

点線で斜めに二つに折ります。

斜め二つ折りのできあがり。

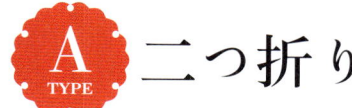

C TYPE 四つ折り

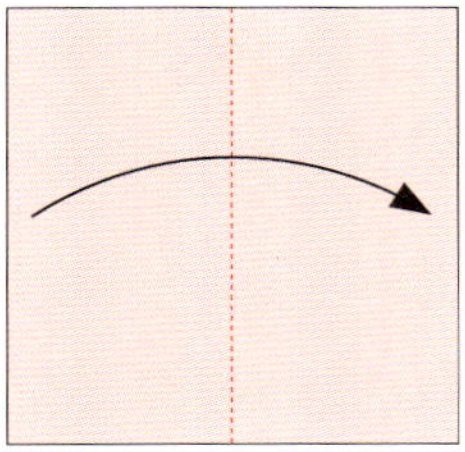
点線で二つに折ります。

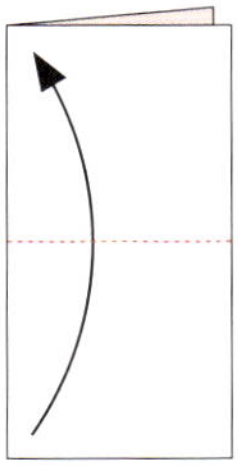
さらに点線で二つに折ります。

四つ折りのできあがり。

D TYPE 斜め四つ折り

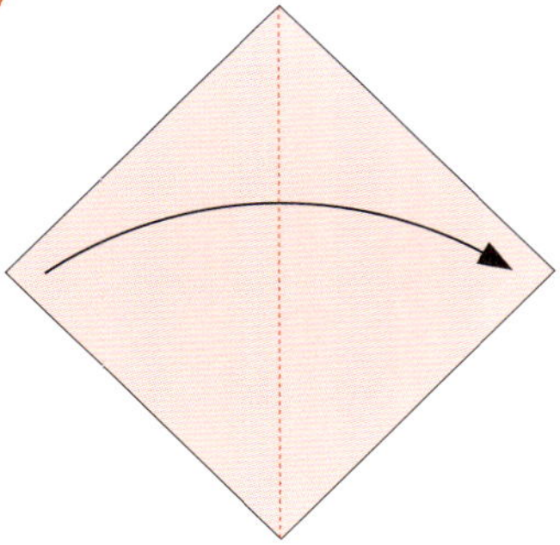
点線で斜めに二つに折ります。

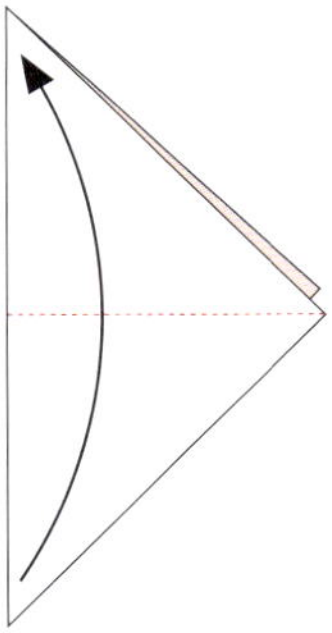
さらに点線で二つに折ります。

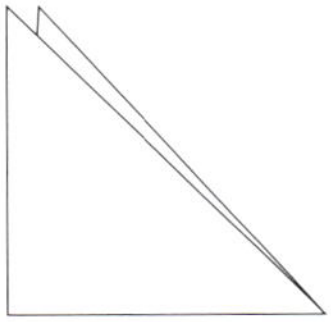
四つ折りのできあがり。

E TYPE 縦四つ折り

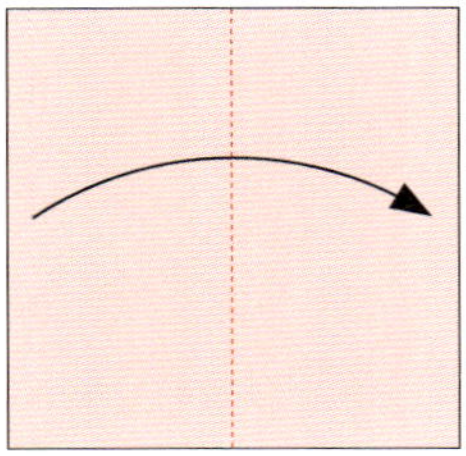
点線で二つに折ります。

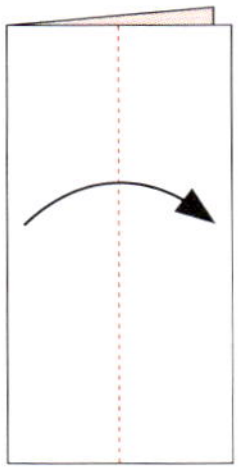
さらに点線で二つに折ります。

四つ折りのできあがり。

TYPE F

六つ折り

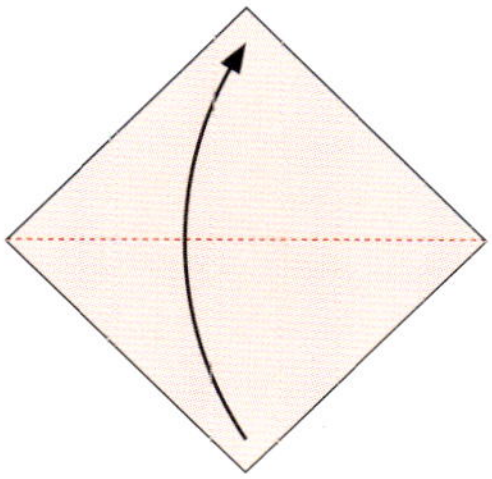

点線で二つに
折ります。

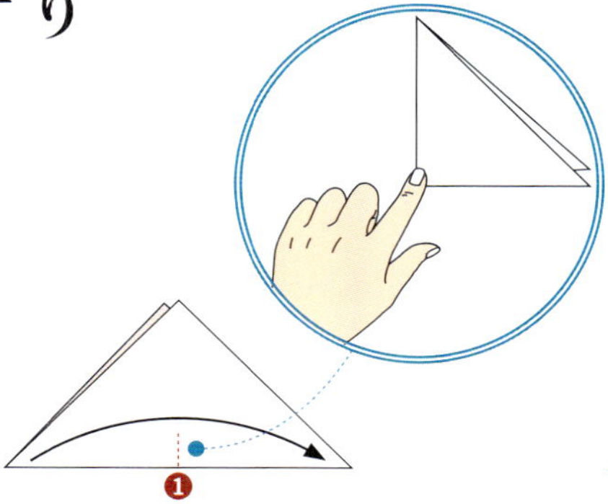

図のような折り方で辺の
中央に小さく折り目をつ
け、印❶をつけます。

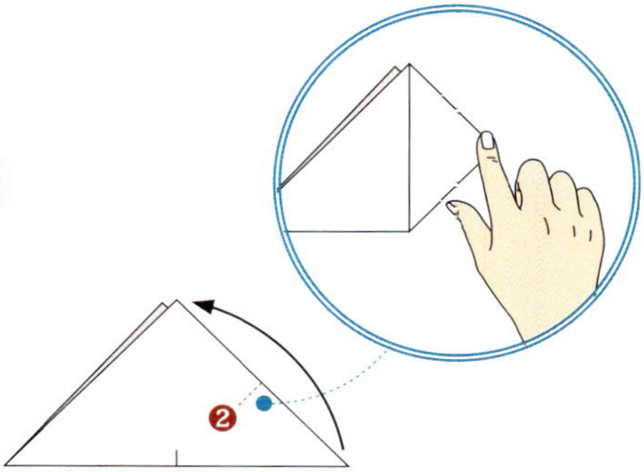

図のような折り方で辺の
中央に小さく折り目をつ
け、印❷をつけます。

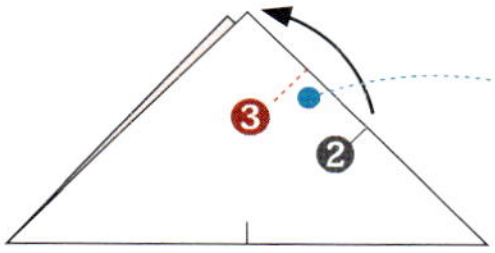

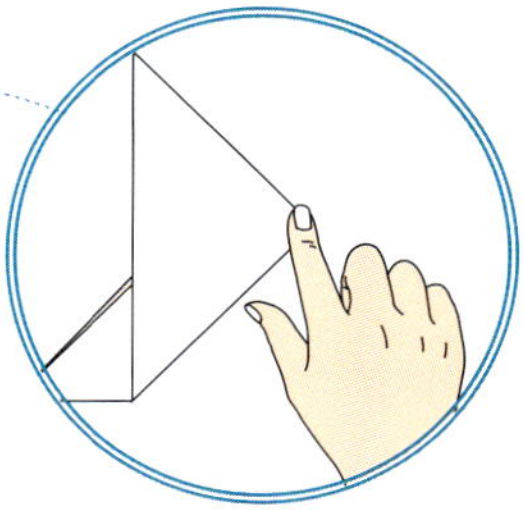

❷と頂点を合わせ
て折った辺の中央
に印❸をつけます。

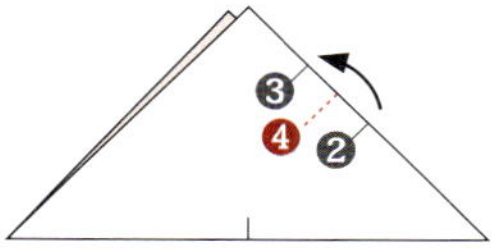

❷と❸の間に印
❹をつけます。

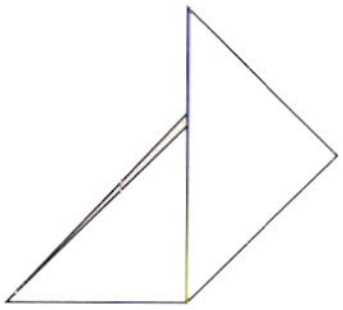

全部は折らず、
印をつけたい部
分だけ折ります。

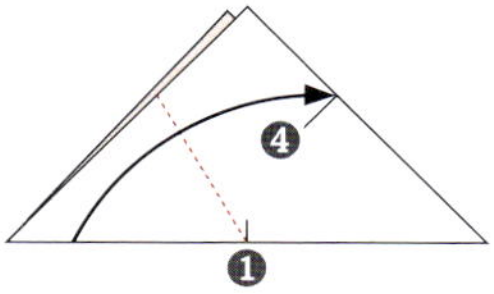

❶と❹に合わせ
て、左側を折り
ます。

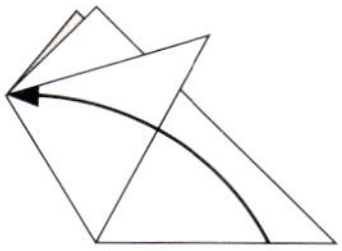

折れた左側の辺
に沿って、右側
も折ります。

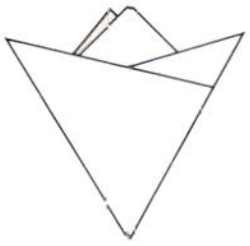

六つ折りのでき
あがり。

福々切り紙

小宮山逢邦

おめでたい景色

色あざやかで雄大な和の景色に包まれて

A TYPE

富士山 1

型紙 P.129

ずっと日本人に愛されてきた富士山です。海側から見るのを「表富士」とも呼ばれてきました。海側の富士山で一番有名な絵は北斎が描いた『神奈川沖浪裏（おきなみうら）』ではないでしょうか。大きな波の向こうに富士が見える絵です。あれほど迫力はないですが、大きな波に囲まれた富士山を切りました。波の内側から切って、外側に進んでください。

古来より霊峰であり多くの信仰が生まれ、神聖視されてきた富士山。「逆さ富士」というのも有名で、河口湖に写る逆さまの姿も素晴らしいです。このような神秘的な美しさで信仰を集めてきました。この富士山は山側から見た裏富士の代表みたいに輝いています。この図柄は四つに折って切りますので、少し力がいります。

D TYPE

富士山◆2

型紙 P.140

富士山の向こう側に陽が登るときか沈むとき、シルエットで浮かび上がる富士を「ダイヤモンド富士」と言います。向こう側に朝日が登る富士を間近に見ることができるのは山の西側、富士宮辺りです。光輝く富士山は霊験（れいげん）あらたかで、竜も祝福しているように見えます。そんな気持ちを表現したのが、この富士山です。

B TYPE

富士山 3

型紙 P.139

A TYPE

日の出

型紙 P.129

新しい朝を迎えることを、私たちはとても大切にしてきました。高山で迎える荘厳(しょうごん)な日の出を崇仰（すうぎょう）して御来光と言ったように、太陽の光に特別の意味を持たせてきました。輝かしい朝日の切り紙は、真ん中の太陽から切ります。徐々に周りに切り広げていきます。日の光の直線を慎重に切ります。

A TYPE 名月

型紙 P.129

陰暦八月十五日夜の月。または九月十三夜の月を名月と言うのだそうです。古来から、詩に読まれ、絵に描かれしてきた名月。現在のように明るくなってしまった夜空にも、ほっこりと浮かぶ満月は今の私たちにも、気持ちの安らぎを与えてくれます。兎が住んでいなくても、すすきがなびく秋になると誰の心にも昔がよみがえります。

A TYPE 滝

型紙 P.129

日本の地形は起伏が多く、川の流れも早く、多彩な景色を生み出したと聞きます。ナイアガラのような大滝はありませんが、日本の滝は実に繊細な景観を作っていると思いませんか？　この切り紙は水の流れをスッと切るところが難しいです。失敗したら、あきらめて新しい紙で挑戦し直してください。

七福神

切り紙のお姿は二人分で、福も二倍

A TYPE 宝船

型紙 P.129

本来、正月の初夢を見ることを願って、枕の下に敷いた縁起物です。帆かけ船に七福神を描き、米俵とか宝物を描き加えました。そのうえ「回文歌」という、上から読んでも下から読んでも同じ意味の文を書きこんだそうです。この切り紙では、正面の弁財天の顔から切り始め、外側へ進めてください。

A TYPE

恵比寿《えびす》

型紙 P.129

海上、漁業、商業などの守護神です。風折り烏帽子をかぶり鯛を釣りあげます。台所に飾るものだそうですから、切り上げたらキッチンに貼ったらいいのかもしれません。切り紙で作ると、二人になってしまいます。これは二倍縁起がいいとご理解ください。細かく難しい作品です。

A
TYPE

大黒《だいこく》

型紙 P.130

仏教の守護神。戦闘神あるいは忿怒（ふんど）神、その後、厨房神とされたそうです。姿は頭巾をかぶり、大袋を背負い、打出の小槌を持って米俵に乗っていました。大国主神と習合して民間信仰に浸透しました。「恵比寿」さんと共に台所に祭られるようになりました。豊かな明るい表情に仕上げてください。

A TYPE

毘沙門天《びしゃもんてん》

型紙 P.130

忿怒（ふんど）の相の武神形です。甲冑（かっちゅう）を着て宝塔（ほうとう）と宝棒（ほうぼう）を持っています。須弥山（しゅみせん）の中腹北方に住んで、北方世界を守る神だそうです。多聞天（たもんてん）とも言います。凛々しい顔というよりは、怖い顔に表現した方がいいと思います。二つ折りにした真ん中の宝棒は太い線に成りがちです。細めに意識して切ってください。

B TYPE

弁財天《べんざいてん》

型紙 P.139

音楽、弁才、福智、延寿、除災、得勝をつかさどるという多彩なのが弁財天です。美音天とも言われたそうですから、特に音楽が得意だったのでは。琵琶を弾いているもの納得させられます。吉祥天（きちじょうてん）と混同されて福徳賦与（ふくとくふよ）の神として弁財天と呼ばれるようになったそうです。図柄は上下に切って、水に映っている姿を切り出します。

E TYPE

寿老人《じゅろうじん》

型紙 P.141

昔の中国、宋の元祐(一〇八六〜一〇九三年)という時代の老人だそうです。長頭で杖を持ち、鹿を連れていたそうです。長寿を授けるのだそうですから、私もあやかりたいと思います。この切り紙は縦四つ折りにします。杖に隠れた顔を切るのが少し難しいです。老人らしく顔のシワを切りますが、にこやかないい顔にしてください。

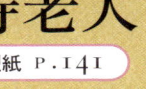

A
TYPE

福禄寿《ふくろくじゅ》

型紙 P.130

幸福、封禄（ほうろく）、長寿をもたらすそうです。ここで言う幸福は子に恵まれることであり、封禄とは財産のことだし、長寿も健康で長生きのことだそうです。こんなにありがたい方も珍しい。この切り紙は、杖が交差します。そこが面白いところですが、杖がずれないように用心して切ってください。

中国。唐の時代に実在した禅僧だそうです。福々しい容姿は円満の相として、たくさんの絵に描かれました。布袋という名前は、いつも袋を背負っていたからだそうです。鎌倉時代には絵に描かれ、室町後期にできた七福神に選ばれたとか……。布袋さんを描くには、満面の笑顔と大きなお腹が肝心です。

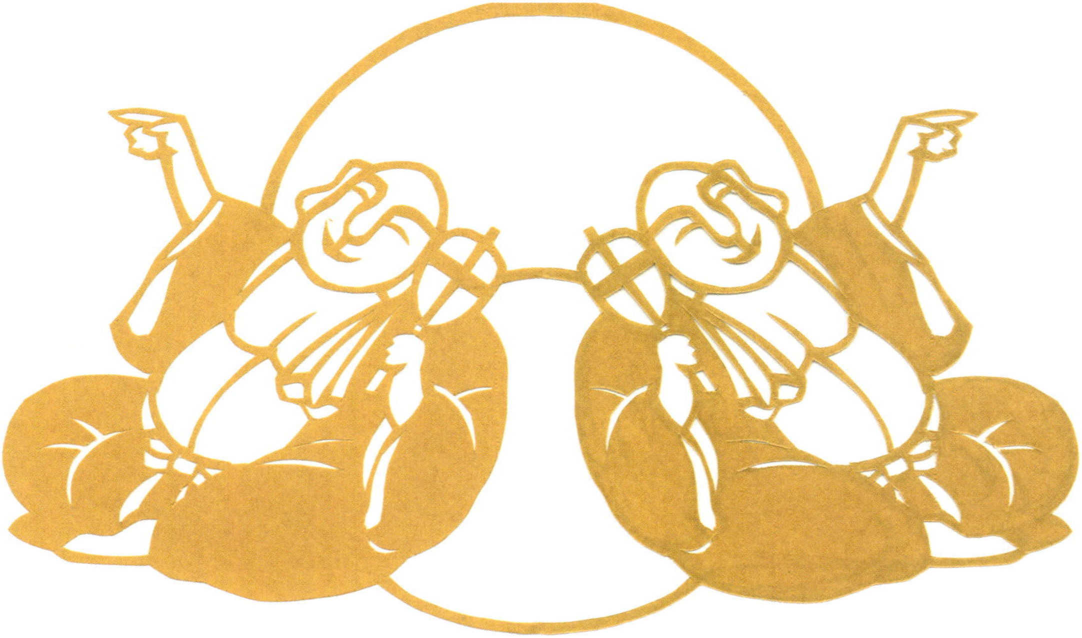

B TYPE

布袋《ほてい》

型紙 P.140

鶴・亀・海老・鯛

長寿と健康にあやかりたい福々生き物の定番

D TYPE 鶴・1

型紙 P.140

この鶴は、松喰鶴（まつくいづる）と言われるものです。松の枝を鶴がくわえて飛んでいる図柄です。中国にあった花喰鳥（はなくいどり）が平安時代に和風化して、おめでたい松と鶴の組み合わせになりました。この図案は四つ折りにして切りますが、かなり難しい上級編に入ります。コツは中心部から外に向かってゆっくり切ることです。

B TYPE 鶴 2

型紙 P.140

長寿を象徴するものとして人気が高いのが、鶴です。吉祥文（きっしょうもん）と言われる、松や亀（かめ）、瑞雲（ずいうん）などと組み合わせて文様化することが多いです。鶴は羽の部分とか細かいところが多く、難しくなりますが、比較的簡単に出来るように考えたのがこの図柄です。これも内側から切ってください。輪郭線は最後に切ります。

B TYPE 鶴 3

型紙 P.140

日本の文様でよく描かれるのがこの図案のような鶴です。空に飛んで行く姿より、降りてくる姿の方が縁起がいいそうです。幸運を持ってきてくれるということでしょうか。斜め二つ折りにした紙を切って、一度に二羽の鶴を作ります。背中の細かい羽から切り、翼に広げていきます。

A TYPE 亀 1

型紙 P.130

寿命万年と言われ、鶴と共に長寿の象徴として人気が高いのが亀です。お祝いのときには欠かせない図案です。六角形の幾何学模様は亀の甲羅に似ているために亀甲文と呼ばれ、長寿延命の吉祥文となりました。縁起のいい亀は、あらゆるところで使われ幸運を運んでいます。

A TYPE 亀 2

型紙 P.130

この亀は蓑亀と言われます。長生きをして海草が尾について、このような蓑を着けているような姿になったそうです。長生きの象徴が尾にも表れているのです。二つ折りにした紙を切ります。二匹の亀が一度にできます。二倍におめでたいということです。蓑は中心から切り外側に進んでください。

A TYPE

海老 1

型紙 P.130

現在、海老はお祝いに欠かせない縁起物として人気が高いです。しかし、文様の世界ではあまり使われてこなかったものです。海の亀と言われて、腰は曲がっていても跳ねる力が強いとして長寿の象徴と伝えられてはきました。海老を切るのに難しいところは、髭です。長くて細い線を切らねばなりません。

A TYPE
海老・2
型紙 P.131

伊勢海老です。大きくて、茹でると赤く染まり、現在ではお祝いに欠かせません。文様図鑑などによると、網目の文様にひっかっている海老くらいしかでてきません。古くから日本で馴染まれてきたものではないようですが、現在では大人気です。この図案は触覚と足が絡んだところが難しいです。細めに切ってください。

中国では魚は富とか子宝繁栄の象徴だったそうです。鯛は昔から「めでたい」にかけて、お祝いのときに使われてきたそうですから、今と変わらないですね。相撲の横綱が優勝して掴みあげる魚は鯛です。お祝い気分が盛り上がります。この図案は四つ折りにして、跳ねる鯛を切ります。やさしく切れます。

C TYPE

鯛・1

型紙 P.142

A TYPE 鯛 2

型紙 P.131

「めでたい」の象徴のような跳ねる鯛です。和名にタイとついてる魚は二百種類もいるそうです。日本人にとって中心的な魚だと言えそうです。「海老で鯛を釣る」とか「鯛の尾より鰯の頭」とか言われるように、大きな存在の魚です。この図案の大変なところは、鱗の切り抜きです。根気でやりぬいてください。

神獣・幻獣

切り紙から生まれた神秘的な力をいただく

A TYPE

朱雀《すざく》

型紙 P.131

四神文というのがあります。四神とは東西南北の四つの方角の守り神です。青龍、白虎、朱雀、玄武とあり、そのうちの一つの朱雀が南を守ります。形は鳳凰であらわされますが、火の属する南を守ることから、この名前で呼ばれるそうです。二つ折りにして、二羽の鳥のくっついたくちばしから切ります。

A TYPE

玄武《げんぶ》

型紙 P.131

四神文の一つ、北を守る玄武です。亀に蛇が巻きついた姿で描かれます。いろいろに描くことができるので、たくさんの玄武の絵が残っています。しかし、蛇というのは描きにくい素材で、「巳」年の年賀状の絵も、なかなか、めでたくなりません。この図案は、やさしい柄を入れてマイルドにしました。

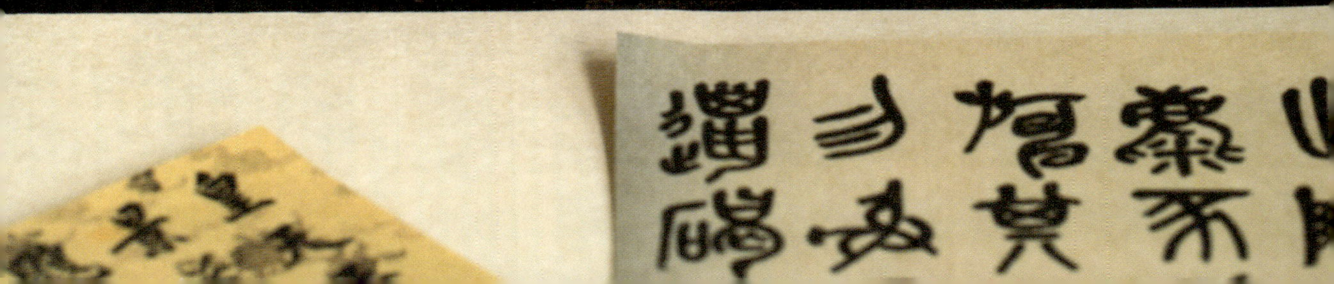

B TYPE

青龍《せいりゅう》

型紙 P.140

これも四神文の一つで、東の守護神青龍です。龍は中国でできた代表的な文様です。神獣と言われた、空想上の生き物です。翼を持って空を飛んだり、蛇のような形で水の中に住んだりしてきて今のような形になったそうです。

迫力のある今回の図案は、意外と難しくないです。厳（いか）めしい目から切ってください。

A TYPE 白虎《びゃっこ》

型紙 P.131

こちらも四神文の一つ、白虎です。西の守り神です。竹林に住むとされてきたので、虎と竹の絵は多く描かれてきました。猛々（たけだけ）しい虎が好まれるようになったのは桃山時代からだそうで、龍と虎を組み合わせた龍虎図も生まれました。怖いだけでなく、めでたい雰囲気も求めて、できたのが今回の図案です。

C TYPE

唐《から》獅《じ》子《し》 1

型紙 P.142

日本では、猪《いのしし》や鹿《しし》を獅子というのに対し、外国の獅子のことを唐獅子といったそうです。この獅子は本来、中国より西の地域のもので、太陽の力を持っているとされものだそうです。それが中国に渡り魔除けの意味の獅子としての文様ができあがったそうです。四つ折りで一度に四匹作ります。

B
TYPE

唐獅子《からじし》 2

型紙 P.141

魔除けの獅子として文様化されて、唐草や牡丹と組み合わされた絵が陶磁に描かれたりしたそうです。日本で有名になった唐獅子牡丹は、こんなところからきていたんですね。二つ折りのこの絵柄は、獅子の目を切るところから始め、顔全体を切り、体に向かいます。細かいですが、根気があれば難しくはありません。

シーサー

A TYPE

型紙 P.131

シーサーというのは「獅子さん」の意味だとか。沖縄県地方で瓦屋根に取り付ける魔除けの素朴な焼き物のことです。源流は古代オリエントのライオンか犬と言われる獅子が日差しの強い南国で魔除けの役割をはたしているのも楽しいですね。真ん中にヤシの木を描いて、南国の明るさを表現しました。

A TYPE

麒麟《きりん》

型紙 P.132

牡を麒、牝を麟というのだそうです。中国で聖人が現れる前に出るといわれる想像上の動物です。最も優れた人物のことを麒麟とたとえますよね。姿はいろいろに表現されてきましたが、鹿に近いものが多いのではないでしょうか。さっそうと空を走る姿を描いたのが、今回の絵柄です。

A TYPE

迦《か》陵《りょう》頻《びん》伽《が》 ◆ 1

型紙 P.132

極楽に住む想像上の鳥。好声鳥などと言われるように、妙音を発し、その声はいくら聞いてもあきることがないそうです。人頭、鳥身の姿をしていて、歌や踊りがうまい舞楽の祖でもあります。顔は美女で手は人、体は鳥の図柄を描きました。難しいのは、なるべく均等に切らなければいけない、羽の部分でしょうか。

C TYPE

迦《か》陵《りょう》頻《びん》伽《が》 2

型紙 P.142

舞楽の祖とされるような楽しみを盛り上げる空想の鳥ですから、もっと楽しく描いたのがこの絵です。発するという妙音はどんな音色なのでしょうか。踊っている鳥の声が聞こえるような作品にしたいです。四つ折りですから、一つ切れば、四枚分の絵ができます。小さい顔を切るのも、難しいです。

A TYPE

龍 1

型紙 P.132

地上、空中、水中に住み、雲と雨を自在に支配します。三千年以上の歴史がある、中国を代表する文様です。これも想像上の動物です。雲と描かれ「雲龍」と言ったり、二匹いて「双龍」と呼ばれたり、実にたくさん描かれてきました。今回の図柄は正面から描く「正面龍」といわれる絵です。

C TYPE

龍 2

型紙 P.142

空中を自在に飛び廻った龍の中で、登り龍といわれる図柄があります。天に昇ろうとする龍の勢いのある姿です。「登龍」ともいい、立身出世の関門といわれる登龍門はここからきました。今回の図柄は登ったり降りたりの龍の姿を描いたものです。難しい龍の絵柄の中では、やさしくできます。

A TYPE

鳳凰《ほうおう》◆1

型紙 P.132

昔の中国で、めでたいとされた想像上の鳥。徳の高い天子が世に出て天下泰平になると現れるそうです。日本でも人気が高くたくさん描かれてきました。形がはっきりしてきたのは意外と最近で、鶴に似た形になりました。この図柄は双凰（そうおう）と言えそうな、迎え鳥の形です。全体を細かく切らねばならなくて、難しい作品と言えます。

F
TYPE

鳳凰《ほうおう》✤2

型紙 P.142

雄が鳳で、雌が凰だそうです。鶴のような足が描かれるようになったのは中国の清朝時代の頃からだそうですから、意外に新しいですね。今回の図柄は六つ折りにして切ります。紙の枚数が多い分、少し硬くなります。刃先を直角に立てて突き彫りにしてください。斜めになると刃先が折れて危険なときがあります。

花とか木の枝を咥えている鳥を作鳥と言います。「鶴」のところで出てきた松喰鶴も作鳥ですし、タバコのピースの鳥も作鳥ということになります。今回の図柄はかなりデフォルメした鳳凰が花を咥えている絵です。それほど難しくなく、斬新な作品ができます。

A TYPE

昨鳥《さくちょう》

型紙 P.132

B TYPE

祝鳥《いわいどり》

型紙 P.141

祝鳥というと日本では鶴が代表でしょうし、中国では鳳凰ということになると思います。鶴も鳳凰も羽の部分とか、細かく細い線を切らなければならなく、どうしても難しい絵柄が多くなってしまいます。そこで、鳳凰の形に花柄を切り込む、オリジナルの柄を作りました。やさしくて楽しい作品を作ってください。

干支

暦や時間、方位をあらわす十二の数詞

A TYPE

子《ね》

型紙 P.132

十二支の一つで、第一番目に位するものです。方角では北です。昔の時刻の名で、深夜の十二時ころを指し、子の刻といいました。昔はこの刻限ころ、天井を走っていた鼠のことです。二つ折りで鼠がチュウした絵柄です。鼻の辺りから切り、体の内側を切り、上のハート型の部分を切ってから、外の輪郭線を切ります。

十二支の第二番目です。北から東へ三十度の方角が丑です。昔の刻限で、今の午前二時くらいが丑の刻です。ここからもう少し三時に近づいた頃を丑三つと言い草木も眠っていたとか。牛も眠っていたでしょう。この牛の絵柄の制作はやさしい方だと思います。切る順番は、中から切っていって外に向かいます。

A TYPE

丑《うし》

型紙 P.133

十二支の第三番目です。方角は東から三十度、北寄りです。昔の時刻では今の午前四時頃が寅の刻です。虎はネコ科の哺乳類ですが肉食の猛獣。「虎の威を借る狐」と言われるように強い者の象徴のように扱われてきました。怖いだけの猛獣の絵を描いてもめでたくありませんので、愛嬌も少し加えたのが今回の絵柄です。

A TYPE

寅《とら》

型紙 P.133

A TYPE 卯《う》

型紙 P.133

十二支の第四番目です。東の方角が卯です。今の午前六時頃が卯の刻です。兎のことですから、あの可愛い、耳の長い哺乳類の動物です。月に住んでいて、餅つきをする姿が見えると言われ、じっと満月を見上げたこともありました。そんな兎の姿が浮かぶような絵柄が今回の作品です。

A TYPE

辰《たつ》

型紙 P.133

十二支の第五番目です。東から南へ三十度の方角を表します。辰の刻は今の午前八時くらいのことです。辰は龍のことですから、本書でもいくつか掲載されています。この空想の生き物は人気が高く、あちこちで活躍しています。今回は愛嬌のある、楽しい姿で登場です。わりと簡単に切ることができます。

C TYPE

巳《み》

型紙 P.142

蛇の漢字を略したものが巳だそうです。十二支の一つで第六番目に位します。南から東へ三十度が巳の方角です。今の午前十時頃が刻限で、巳の刻です。辰と巳の間が辰巳の方角で、江戸の町から深川方面になります。辰巳芸者というのは方角からついた名称です。蛇の絵は、玄武に続いて二作目です。

A TYPE

午《うま》

型紙 P.133

十二支の第七番目です。南の方角が午です。真昼の十二時ころが午の刻です。正午（正に午なり）、午前（午の前）、午後（午の後）の語はこれによってできたとか。人によくなれる馬は乗用、耕作、運搬にと用いられてきました。肉は食用にもなります。この図柄はやさしくできるし馬への愛着が感じられます。

十二支の第八番目です。南から西へ三十度のところが未の方角です。今の午後二時頃が未の刻です。このころに開花するというので未草(ひつじぐさ)と言われるのが、睡蓮(すいれん)のことです。七、八月頃、蓮に似た白い花を開きます。今回の絵柄は六つ折りにして、羊の顔から切ります。六つ折りは切るのに力がいりますので要注意。

TYPE F 未《ひつじ》

型紙 P.142

F TYPE

申《さる》

型紙 P.143

十二支の第九番目です。西から南へ三十度の方角が申です。今の午後四時頃が申の刻です。猿は人間に近く知恵も持っている動物です。今回の図案は木にぶら下がった猿を六つ折りで切ります。少し切ればできますが、腕を切りそこなうと、木から落ちた猿になりかねません。ご注意を。

A TYPE

酉《とり》

型紙 P.133

十二支の第十番目です。方角は西が酉となります。今の午後六時ころが酉の刻となります。十一月の酉の日に鷲神社で行なわれるのが酉の市です。縁起物の熊手が売られ、大変に賑わいます。図案の鶏はオナガドリです。四国の高知でつくられた、日本だけの品種です。細かい箇所が多いので、丁寧に切ってください。

D TYPE

戌《いぬ》

型紙 P.140

十二支の第十一番目に位するものです。西から北へ三十度の方角が戌です。今の時刻で午後八時頃が戌の刻です。よく人になれ、嗅覚と聴覚が発達し、狩猟用とか番犬とかに使われてきましたが、何と言ってもペットとして人間と多大なかかわりを持っています。愛らしい姿を切ってください。

C
TYPE

亥《い》

型紙 P.142

十二支の一つで最後に位するものです。北から西へ三十度の方角が亥です。今の午後十時ころが亥の刻です。豚の原種といわれる哺乳類です。山野に住み猪突猛進してきます。今回の図案は四つ折りにした猪ですが、疾走しているイメージより間の抜けた可愛さを描きました。簡単にできます。

おめでたい生き物

部屋を彩るかわいらしいその姿に心が癒される

A TYPE

蝶《ちょう》

型紙 P.134

今やたくさん使われている装飾文様の代表の一つが、蝶です。日本に定着して様式化され始めたのが平安時代からと言われますから、長く親しまれてきました。平家の代表家紋は、揚羽蝶です。素晴らしい図案です。いろいろに描かれてきた蝶ですが、今回の図案は切りやすく華やかな柄を作りました。

A
TYPE

蜻蛉《とんぼ》

型紙 P.134

兜の前立てに蜻蛉を使ったりして武士に人気がありました。勝虫といったり、菖蒲（勝負）と組み合わせた文様を武具に使ったそうです。今、私たちが見る蜻蛉は戦と関係なく悠々と飛んでいるように見えます。今回の図案は手に蜻蛉ですが、やさしく見えるような模様で作りました。

A TYPE 鹿・1

型紙 P.134

奈良の春日神社の鹿への信仰があるように、日本人は長く親しんできました。雄鹿がはやす角は今でも漢方薬として使われます。かつては不老長寿の薬とされていたそうです。その角を強調したのが今回の図案です。鹿の顔と角はリアルな形ですが、華やかな文様を入れて、簡単に切れて楽しい絵にしました。

A TYPE

鹿・2

型紙 P.134

「奥山に紅葉ふみわけ鳴く鹿のこえきく時ぞ秋はかなしき」と古今和歌集に歌われました。秋になると鳴く鹿の声が、とても悲しく響くそうです。確かに紅葉とか萩とか秋のものと描かれることが多いです。今回の図案も紅葉と菊です。やさしく切れる柄で二つで、ぜひチャレンジしてください。

A TYPE 象◆1

型紙 P.134

インドの神話では、象は世界を支える存在だそうです。仏教では歓喜天で、富と繁栄をもたらすそうです。そんな象ですが、長い鼻と大きな体で動物園の人気者です。今回の図案も、象の顔にやさしくできる模様を入れた簡単で華やかな作品です。

A
TYPE

象 2

型紙 P.134

陸上最大の哺乳類です。やさしい性格で人間とも馴染み、子どもにも大人気です。タイのお祭りで飾りつけられた象の姿を見ました。そのイメージを絵にしたのが今回の図案です。上下の絵柄の下は水に映った姿です。大柄なので、やさしく切れます。

長く日本でも愛されてきました。原産地は中国で、鮒（ふな）の突然変異で出来た品種だそうです。日本で養殖が始まり大きく広まったのは江戸時代から。今回の図案の金魚は、吹き流し尾です。この形がいいですね。水の中でフワフワと浮いて見飽きません。このように上向きから鑑賞する金魚は高価なんだそうです。

A TYPE 金魚 1

型紙 P.135

C TYPE 金魚 2

型紙 P.142

横向きから鑑賞する金魚は上向きから鑑賞する金魚より安価だとか。歌川国芳の『金魚尽し』という絵があるくらいで、文様としてはあまり使われません。でも八吉祥の一つとされ縁起物ではありました。今回は四つ折りにして四匹一度に切ります。藻と泡がむずかしいですが、根気で乗り切れます。

B
TYPE

雀《すずめ》

型紙 P.141

人家の近くに最もふつうに見られる鳥が雀です。雀と竹を組み合わせることが多いのは、『舌きりすずめ』の話でも知られるように、この二つは関係が深かったそうです。上杉家の家紋も竹と雀です。今回の図柄は雀紋に見られるような、「対い雀」と書いて「むかい雀」と読む柄です。口ばしから切りましょう。

A TYPE

燕《つばめ》

型紙 P.135

春にやってくる渡り鳥です。燕尾服という名称があるように尾羽に特徴があります。この形がよいことと、とても速く飛ぶことで、人気があります。特急列車の名前になったり、剣豪・佐々木小次郎の剣術は素早いので「燕返し」と呼んだりしました。その燕を丸紋にしたのが、今回の絵柄です。

A TYPE 孔雀《くじゃく》

型紙 P.135

頭に冠毛があり、尾部にある美しい羽を扇状に広げるのは雄だそうです。今回の絵柄は羽は広げていませんが雄の孔雀です。孔雀明王は、民衆を救う徳を孔雀によってあらわす仏の化身です。明王なのに忿怒の相はとらないのだそうです。やさしい性格は桃太郎のお供をしたことでもわかります。

C
TYPE

鴛鴦《おしどり》

型紙 P.143

夫婦・男女の仲良く常につれ立っている様子をオシドリというように、仲が良いことの象徴となる鳥です。古くから和歌に絵画に文様に取り上げられました。鴛鴦柄の布団で使うと良縁があるそうです。今回は、四つ折りにして、向き合った二羽が共に眠っているという吉祥幸運な図柄です。

E TYPE

鯉《こい》 1

型紙 P.141

「鯉の滝登り」という言葉があるように、元気の象徴みたいに言われます。端午の節句には鯉のぼりを上げて、子どもの成長を願います。出世魚ともいわれます。急流を登って龍になるからだそうです。今回は、縦四つ折りにして、一度に二尾の鯉を切ります。顔の表情とヒゲを上手に切ってください。

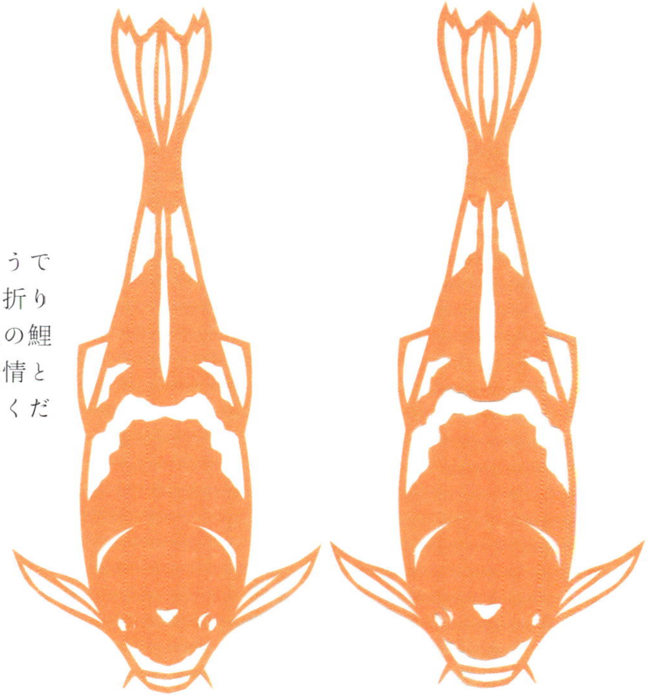

A TYPE

鯉《こい》 2

型紙 P.135

普通の鯉とは別に、日本では錦鯉が作られました。鯉を観賞用に改良したのだそうです。模様によって多くの種類があります。斑点模様、大きさ、色彩の鮮やかさによって価格が違うそうです。錦鯉は日本の国魚となっています。今回の柄は錦鯉の紅白という品種です。体のわきのヒレから切ります。

D TYPE

鮭《さけ》

型紙 P.142

秋に川を登ってきて産卵する魚が、鮭です。肉は淡紅色でおいしく、卵はイクラ、すじことして食べます。日本人に馴染みの深い魚です。産卵のために川を登り、跳ねる姿が印象にあります。今回の図案は四つに折り、跳ねる鮭を一度に四尾切ります。ウロコを切るのには根気がいります。

エジプト・パレスチナあたりの野生の山猫が、いつのまにか人間とくらすようになった……それが、猫がペットになった始まりだそうです。犬と派閥をわける、大人気のペットです。可愛らしい仕草が多く、飛んできたボールに飛びついてキャッチをしようとします。そんな姿が今回の図案です。

A TYPE 猫 ◆ 1

型紙 P.135

日本猫の顔を正面から絵にしました。三毛、とら、ぶちなどがよく見かけられます。尾は長いものもいますが、日本産の猫の特徴としては、短いのがいることだそうです。この尾は、一種の遺伝する奇形なんだそうです。鼻の辺りから始めて、顔全体に切り広げます。輪郭線は最後に切りましょう。

A TYPE 猫 ◆ 2

型紙 P.135

猫 3

型紙 P.143

猫は一番発達した食肉獣なんだそうです。大きな目と頑丈な顎を持ち、大きなするどい牙と肉をさく歯、骨をしゃぶるのに適したザラザラした舌、しなやかな体に、素早い身のこなし……なるほど、納得です。この作品は、子猫がお母さんにじゃれついている場面。全く気にしない母猫も可愛いです。

おめでたい草花

華やかな切り紙で日々の生活もすがすがしく

A TYPE 松 1

型紙 P.136

常緑樹の松は古くから吉祥の木とされ、多くの文様に表現されてきました。いわゆる光琳松（こうりんまつ）のようにかたまりで表現されたもの、松葉丸（まつばまる）のように葉のかたまりを描いたもの、そして松葉散らしのように葉だけを散らしたものとあります。今回の図案は最も基本的な松の文様です。中の枝から切ってください。

「松竹梅」というように、おめでたいことの象徴です。その中でも松は一番の位にあります。着物の柄にもたくさん使われます。今回の図柄は、いわゆる三階松を切り紙にしたら、こんな形になりました。能舞台に描かれていたり、舞台の緞帳（どんちょう）に使われたりする大きな松の絵を見ると、吉祥樹と呼ばれる意味がわかります。

A TYPE

松・2

型紙 P.136

A TYPE 竹◆1

型紙 P.136

縁起のよい「松竹梅」のうちの一つが竹です。四季にわたって色を変えず、まっすぐ伸び、節が固いので、中国では節の正しい君子に例えるそうです。竹と虎、竹と雀などがよく組み合わされます。今回の柄は笹の基本形です。笹は、竹と同類で、形の小さいものを言います。

F TYPE 竹◆2

型紙 P.143

青々としてまっすぐ伸びることから、清浄な植物とされてきました。地鎮祭などで四隅に青竹が使われたり、竹三本を松で囲み荒縄で縛って門松を作ったりと、神事の役に立つ素材です。今回の図柄は竹丸といわれる竹紋の形態を作りました。六つ折りにして切ります。

A TYPE 梅・1

型紙 P.136

梅紋は天神さまの神紋です。菅原道真公を神として祀ったのが天神さまで天満宮というのだそうです。梅紋となったのは、菅原道真がとても梅を愛したからだとか。加賀百万石の前田家も梅紋ですが、こちらは梅鉢紋です。今回の図案は、最も基本的な梅の形です。

C TYPE 梅・2

型紙 P.143

九州大宰府に流された菅原道真公が詠んだのが、「東風吹かば　にほひおこせよ　梅の花　あるじなしとて　春なわすれそ」です。遠く京の春を梅の花によせて偲びました。今回の図案は紅梅白梅図です。白梅の方が難しいですが、いずれにせよ中心部から切り出し、周りに広げていきます。

A TYPE 桜・1

型紙 P.136

「さまざまの事　おもい出す　桜哉」と松尾芭蕉が詠みました。私たちにとって桜は、たくさんの思いを宿す日本人の象徴です。花は桜木、人は武士です。花といえば桜をさす日本一の名花です。今回の図案は、その文様化された基本の形です。難しくはありませんがめしべを細く繊細に切ってください。

C TYPE 桜・2

型紙 P.143

昔から「花王」といわれました。日本の国花です。日本の桜は、ヨーロッパのチェリーや中国のさくらとは違って、固有種です。果実を実らせる品種ではありません。華やかにパッと咲いてパッと散ります。この潔さ、儚さが私たちの心に深く印象を残してきました。今回は四つ折りの桜です。潔く切ってください。

C TYPE

桜 ❖ 3

型紙 P.143

唐招提寺や吉野神社が神社紋として桜紋を使っています。紋は、真正面から見た五弁の花が多いようです。花びらの先がV字型に切れていれば桜、そうでなければ梅。これが様式で、日本的で面白いですね。今回の図柄は、文様というよりリアルな形に近いです。正方に折って、真ん中から互に広げます。

A TYPE

菊

型紙 P.136

菊には長寿の伝説があります。散った菊の花がたくさん浮かんだ場所の水を飲むと長生きするとか。薬用としても使われ長寿の象徴になりました。天皇家の家紋でもあります。いろいろな菊にたくさん描かれてきました。

今回の図柄は大菊を写実に描いたものです。根気さえあればうまくできます。

母の日の花として大人気です。歴史は古く、古代ギリシャではすでに栽培されていたそうです。日本に入ったのは江戸初期にオランダからです。品種改良が盛んに行なわれた花で、現在の主流は「スプレータイプ」という一茎にいくつもの花が咲くタイプだそうです。今回の図案はよく見る花ですが、真っ赤な紙で切ってお母さんにあげてください。

A TYPE カーネーション

型紙 P.137

「立てば芍薬（しゃくやく） 座れば牡丹　歩く姿は百合の花」と美女を形容しました。この花が鑑賞用になったのは明治中期以後だそうですから、わりと新しいです。清楚とか純粋とかの言葉が似合いますが、ヨーロッパでは繁栄の象徴だとか。

今回は二つ折りの百合です。のびのびした感じがいいですね。正確に切るより大胆に切ってください。

A TYPE

百合《ゆり》

型紙 P.137

A
TYPE

牡丹《ぼたん》

型紙 P.137

着物の柄に大人気なのが牡丹。華やかで、たくさん使われているけど、意外と歴史は浅いみたいです。江戸時代に入ってから栽培が盛んになって人気がでたそうです。牡丹と菊を一緒に使えば、春と秋が表現され、季節に関係なく一年中着れる着物になります。今回は少し写実な牡丹です。切るには根気がいります。

「一蓮托生（いちれんたくしょう）」というように、人は極楽浄土に死して、再び同じ蓮花のうえに生まれ変わるのだそうです。如来像の台座が蓮の花をかたどっていたり、蓮の花の飾り物も多く寺院で見ます。泥水の中から生えて、清浄な美しい花を咲かせる姿が仏の叡智と慈悲の象徴なのだそうです。二つ折りにして、清潔感のある花を切りましょう。

A TYPE

蓮《はす》

型紙 P.137

E TYPE

桔梗《ききょう》

型紙 P.141

秋草模様というのがあります。桔梗もその一つです。秋というのは、時のうつろいや、人生の無常を感じたりしませんか。明智光秀や坂本竜馬の家紋が桔梗紋だったと聞くと、また無常観が……。青紫色の可憐な花はやさしく女性的です。縦四つ折りにした今回の桔梗は、少し賑やか過ぎたでしょうか。

F TYPE

朝顔

型紙 P.143

源氏物語の第二十帖は朝顔です。光源氏三十二才の頃、彼が恋した相手の名前です。源氏物語では夕顔の方がずっと有名で人気が高いのですが、夕顔の不幸を知っている朝顔は源氏を受け入れません。夕顔と違う明るさがいいですね。六つ折りにして朝顔の群れを表現します。中心から切ります。つるの部分が難しいと思います。

C
TYPE

椿《つばき》

型紙 P.143

花がポトリと落ちる姿が、首が落ちる様子に似ているというので、武士に嫌われたそうです。そんなことに関係のない庶民の間では、この真っ赤な五弁の花は人気が高いです。着物柄にもたくさん使いますし、桧垣模様にしたり、もっと様式化して遠州椿という柄もあります。今回は四つ折りで、写実に近い形を切ります。

おめでたい小物

色とりどりの切り紙を飾ってお客様をもてなす

A TYPE

獅子頭《ししがしら》

型紙 P.137

獅子舞いにかぶる木製の獅子です。獅子舞は日本各地の正月行事や晴れの日に行なわれ、豊年の祈りや悪魔払いとして舞います。獅子頭の口は開閉式です。その口に頭をかまれると、その一年は無病息災で元気に過ごせるとも言われます。この図案は、顔は厳しいですが、その他は華やかにした楽しい獅子です。

A TYPE 門松

型紙 P.137

正月に門の両脇に立てた松と竹で作った飾りものです。松飾りともいいます。その年の神を迎え入れるために立てました。日本では松はおめでたい樹木なので、正月の門松は長く定着しました。今回の門松は少し太めですが、豊かな感じがしていいと思います。松のギザギザは根気がいります。

一本立ちして回る独楽は一人前になるということで縁起がいいそうです。それで、お正月だけに売るようになったそうです。凧揚げと独楽回しはお正月の定番となりました。寒い季節に子どもを外で遊ばせようとした玩具だそうですが、残念ながら、あまり見なくなりました。独楽の上の面の楕円を切るのは以外と難しいです。

A TYPE 独楽《こま》

型紙 P.138

A TYPE 達磨《だるま》

型紙 P.138

本来、禅宗の開祖、達磨大師の坐像（ざぞう）を模した置物です。現在では宗派をこえ縁起物として広く親しまれています。目が入っていない状態で買い、願いが叶った時に目を描き入れます。今回の絵は目が入っていますが、入ってない状態で作って、友達に差し上げるのもいいかもしれません。願いが叶ったら描き入れてもらうのです。

A TYPE 鏡餅◆1

型紙 P.138

新しい年の年神様への供え物です。昔は丸く平たく鏡のように作った餅を吉礼として神様に供えました。それで大小の丸い餅を重ねて、正月飾りとして供えるようになったそうです。飾り方は地方によって様々ですが、今回の図案は、簡単にできる鏡餅として作りました。

TYPE A

鏡餅 2

型紙 P.138

年の初めの神様への供え物ですが、飾り方は様々です。地方によっても違いますが、うらじろ、昆布、橙（だいだい）に伊勢海老を付けたりもします。海山の幸が添えられますが、うらじろは裏表のない潔白な心のことです。昆布は喜こんぶです。それぞれにいわれがあります。今回の図案では、うらじろを切るのが大変かもしれません。

羽子板は室町時代からあるそうですが、この形は蜻蛉（とんぼ）からヒントを得て作ったのだそうです。もともと、羽根つきの道具だったのですが、魔除けとして正月に女性に贈る習慣もでき、飾り物の羽子板もできました。今回の図柄は四つ折りです。お正月の楽しさ、縁起のよさを富士山にからめて表現しました。

C TYPE

羽子板

型紙 P.143

日の丸扇紋です。平治の乱で源義朝の日輪を描いた扇が最古の記録のようです。この太陽を形どった日紋は、戦国時代、武田信玄や上杉謙信も旗印に使ったくらい人気でした。軍扇（ぐんせん）としても多く使われたようです。太陽の威力にあやかろうとしたためです。白地に日の丸の扇はオリンピックで日本の選手団が持っていました。

A TYPE

扇子《せんす》

型紙 P.138

当たり矢というと、やぶさめで、的に当たった矢か、魔除けの破魔矢のことのようです。地方の神社では縁起物として、的に当たった矢を出しているところもあるそうです。諸願成就には、いい素材だと思います。二つ折りにして真ん中の矢軸から切ります。矢が太くならないように切ってください。

A TYPE

当たり矢

型紙 P.138

雛祭りもいろいろと、地方によって、違うようです。男雛と女雛の置く位置も変わります。いずれにせよ、女の子のすこやかな成長を願うことは同じです。節句の儀式として確立したのは、江戸時代以降のようですから、日本の歴史からすれば、まだ新しいです。二つ折りにして、顔から切ります。可愛く凛々しく作りましょう。

A TYPE 女雛

型紙 P.139

A TYPE 男雛

型紙 P.139

女の子のすこやかな成長を祈る節句の年中行事が雛祭りです。雛人形を飾り、桃の花も飾って、白酒とちらし寿司と蛤のお吸い物で飲食しました。今回は男雛を作ります。立ち雛です。柄は大柄ですので、やさしく切れます。この作品の場合、最も注意するところは、顔です。凛々しい表情になるように切ります。

D TYPE

雛人形

型紙 P.140

雛人形は、本来は宮中の殿上人の装束です。男雛、女雛の置く位置が関東雛と京雛では異なるとか、決まりはたくさんあります。ただ、女の子の成長を願う節句ですから、少し自由に作ったのが今回の絵柄です。四つ折りにして切ります。人形の位置は、紙を回しつつ調節してください。細かい部分は慎重に作業してください。

A TYPE 兜《かぶと》

型紙 P.139

本来、戦争のとき、頭を守るためにかぶった防具です。それなら鉢とよばれるヘルメット状態のものを被るだけでよさそうですが、それがそれだけでは終わらないのが戦国時代。大きな立て物をつけて己の存在を鼓舞したり、愛という字の前立てを付けた直江兼続なんて人もいました。日本人って面白いですね。

E TYPE 鯉のぼり❖1

型紙 P.141

鯉の滝登りはよく知られていて、龍門という急流を登りきるのは鯉だけで、やがて龍になったといわれます。武家では、端午の節句の厄払いに使う菖蒲を「尚武」と結び付けて男の子の立身出世、武運長久を願ったそうです。いずれも男の子の出世と健康を願いました。縦四つ折りにして、吹き流しと鯉のぼりを切ります。

B
TYPE

鯉のぼり ✿ 2

型紙 P.141

龍門という川の急流を登るという鯉の話から鯉のぼりが考えられたようですが、当時、経済力を付けていた商人が、より豪華な色つきのものを作ったそうです。五色の吹き流しもそのころ作られものです。しかし、江戸時代には関東だけの風習だったそうです。今回の絵柄は豪華になった後のものです。斜め二つ折りにします。

A TYPE

月見団子

型紙 P.139

十五夜の月に供えるお団子はピラミッド型に積み上げるのが普通と思っていましたが、日本も広く、各地で違いがあります。旧暦の八月十五日が中秋の名月です。雲で見えないと「無月」といい、雨だと「雨月」といいます。中秋の前後は、「待宵（まつよい）」「十六夜（いざよい）」といいます。自然を愛する日本人らしい名付けかたです。

振れば何でも、思いのままのものが得られる小槌です。一寸法師は鬼が落としていった、この小槌で大きくなりました。七福神の大黒様が持っているのもこの小槌です。どこの家にも一つは欲しい小槌です。四つ折りにして真ん中から切り広げます。この切り絵で、皆様にも思いのままの幸運が訪れることを願っています。

C TYPE

打ち出の小槌《こづち》

型紙 P.143

小宮山逢邦

切り紙実演

01 折り紙の色を決める

折り紙を用意します。出来上がりの姿を想像しながら、自分の好みの色を選びましょう。

02 縦折り

今回の実演で制作する「迦陵頻伽 2」は四つ折りなので、まずは縦に一回折ります。角がきちんとそろうように、丁寧に折りましょう。

03 もう一度折って四つ折りに

さらに二つ折りにします。小さな正方形が出来上がったと思います。

04 型紙を重ねる

本書の巻末についている型紙をコピーして切り取り、型紙の中心と折り紙の中心を合わせます。

05 ホッチキスでとめる1

角をそろえてから、ホッチキスで型紙と折り紙をとめます。白い部分ではなく、切り取って捨ててしまうグレーの部分にホッチキスの針を落とすように。

06 ホッチキスでとめる2

グレーの部分をさらにホッチキスでとめていきます。型紙と折り紙がズレないように固定します。

用意するもの

- 折り紙15cm×15cm　● デザインナイフ（刃先30°のもの）
- ボール紙（表面が柔らかいもの）か カッティングマット（柔らかいもの）があればなおよい
- 型紙　● ホッチキス

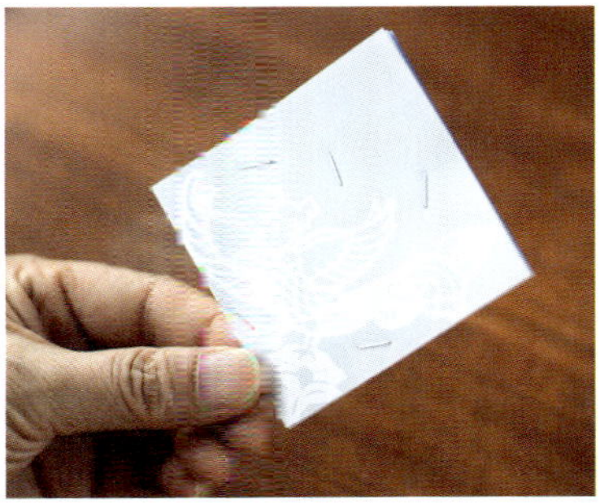

07 ホッチキスでとめる3

このように型紙と折り紙を固定することが出来ました。

08 切り取る準備

下敷きであるボール紙、デザインナイフを用意します。

09 顔の中心から切り取る

切り紙は「内から外へ」と切っていきます。特に難しいのは顔の部分なので、ここからデザインナイフの刃を入れていきましょう。

POINT

カッターナイフの刃を寝かせないように注意してください。紙に対して常に直角になるようなイメージで切っていきます。

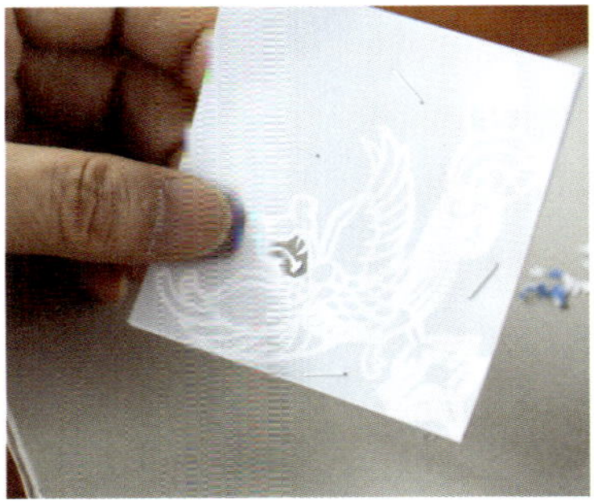

10 顔が完成

迦陵頻伽の顔を切り取ることができました。顔がきれいに切り取れないと、出来上がりがいまひとつなので、気に入らないようであれば初めからやり直しましょう。

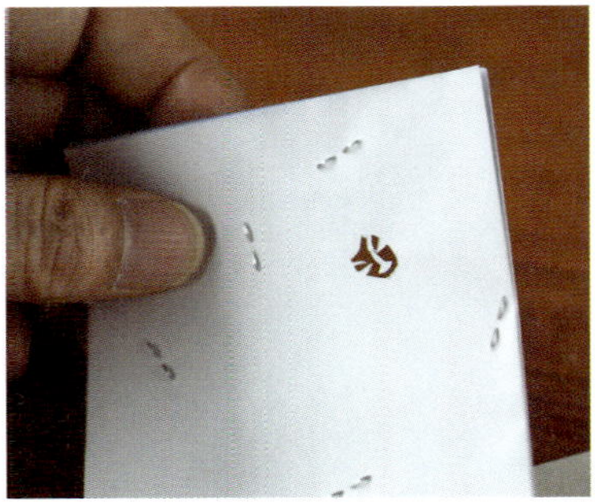

11 裏からも確認する1

今回の「迦陵頻伽 2」は四つ折り、つまり四枚重ねて切っています。きちんと後ろの紙まで切り取れているか、裏返して確認しましょう。

12 体を切り取る

続いて、迦陵頻伽の体を切り取っていきます。ここでも基本は、「内から外へ」。肩や腕の部分に刃を入れていきましょう。

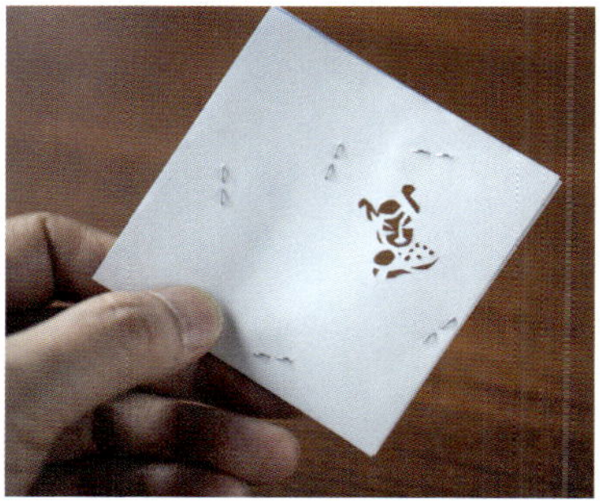

13 裏からも確認する２

肩から腕、手に持ったお団子を切り取ることが出来ました。必ず裏返して、裏からも切り取り跡を確認しましょう。

14 羽を切り取る

顔、体が終わったので、続いて羽を切り取っていきます。ここでも「内から外へ」を忘れずに。

15 羽が完成

ここまで切り取ることが出来ました。残るは、足と尾の部分です。

16 足と尾を切り取る

これまでと同じように、足と尾の部分を切り取っていきます。穴だらけになった折り紙を強く押さえると、破れてしまいますので、慎重に作業を進めてください。

POINT

この写真のように、切り抜いた後に刃を立てて引き抜くと、すっぽり破片を取り除くことができます。

17 外側を切り離す1

最後に、周囲のグレーの領域を切り離していきます。足元の細かい部分から切り取っていきましょう。

18 外側を切り離す2

ここまできたら、もう少しです。指で押さえる部分が少なくなってきていますので、折り紙が破れないように注意してください。

19 切り取り作業の完了

このように、すべての部分を切り取ることができました。型紙のグレーの部分がなくなって、白い部分だけが残ったことがわかります。

20 折り紙をひろげる1

いよいよ折り紙をひろげます。重なった部分がひっかかっていないか、注意深く観察しつつ、ゆっくりと進めていきましょう。

21 折り紙をひろげる2

今回は四つ折りなので、折り紙も二回ひろげます。折り紙を破いてしまわないように、慎重にひろげます。

22 完成

「迦陵頻伽図」が完成しました。上から手のひらで少し押さえて、折り目を伸ばしてみるとよいでしょう。

コピーを取って使える

型紙集

好みの型紙を、折り紙の大きさに合わせて拡大コピーしてお使いください。
型紙の使い方は8ページをご覧ください。

型紙を拡大コピーするには

本書に掲載した各型紙は、50%の縮小率で掲載されています。15×15cmの折り紙に対しては、200%に拡大コピーしてから使います。コピー機の種類によって操作方法はまちまちです。コンビニなどでコピーする場合、もし使い方がわからなければ、店員さんに聞いてください。

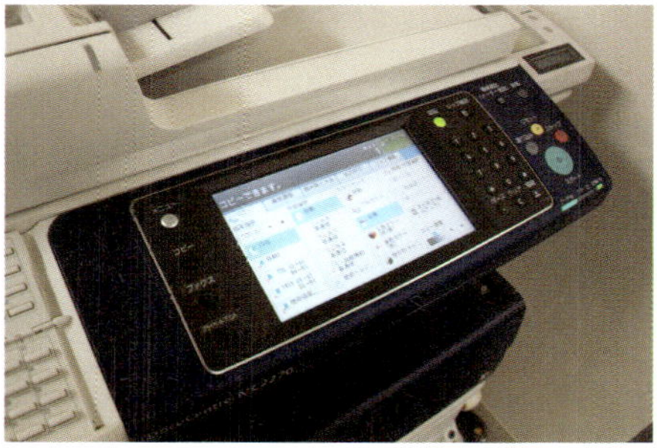

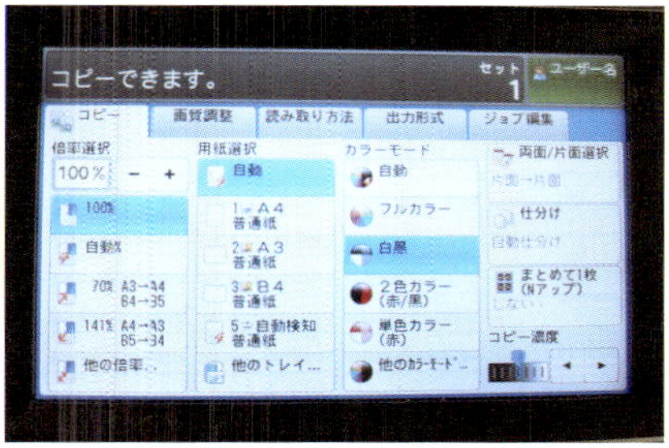

カラーコピーする必要はありません。「自動」の設定だとカラーになってしまう可能性があるため、「白黒」にしておきましょう。

15×15cmの折り紙を使用する場合は、200%で拡大コピーする必要があります。「200%」を選択してからコピーを開始しましょう。

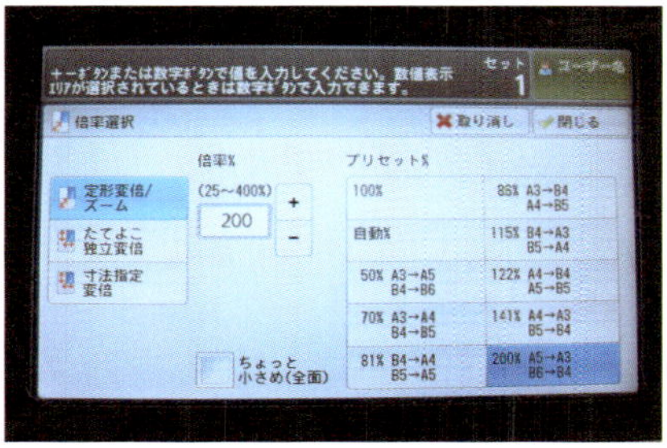

「200%」の項目がない場合は、手動で拡大率を設定する必要があります。また、18×18cmの大判折り紙を使う場合は、「240%」に設定してコピーします。

A TYPE 富士山◆1
完成見本 P.18

A TYPE 日の出
完成見本 P.21

光の線がずれないように切る

A TYPE 名月
完成見本 P.22

A TYPE 滝
完成見本 P.23

A TYPE 宝船
完成見本 P.26

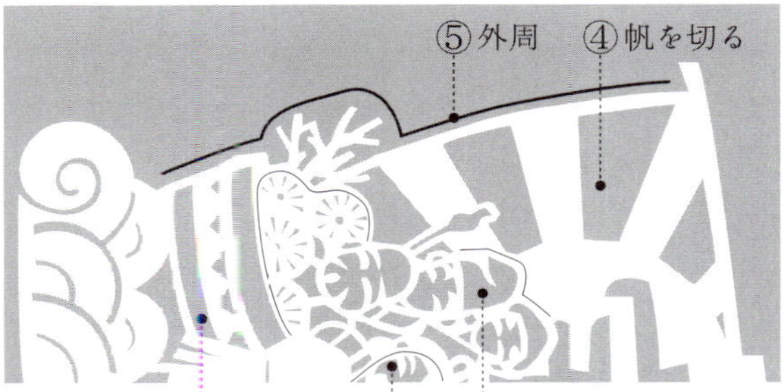
③月を切る
②人物・俵を切る
①顔を切る

A TYPE 恵比寿
完成見本 P.27

A TYPE

大黒

完成見本 P.28

A TYPE

毘沙門天

完成見本 P.29

A TYPE

福禄寿

完成見本 P.32

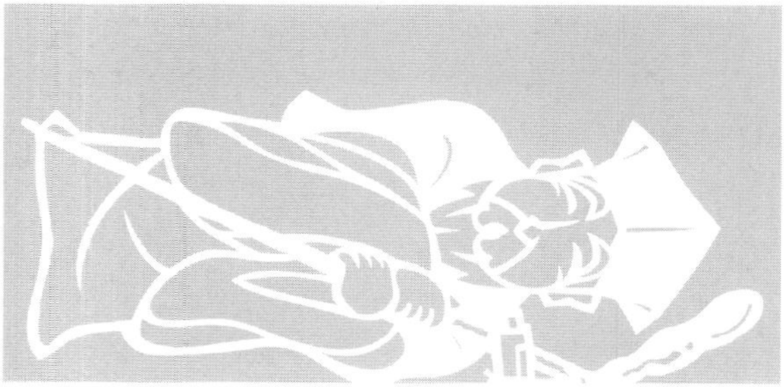

A TYPE

亀 ◆ 1

完成見本 P.38

A TYPE

亀 ◆ 2

完成見本 P.39

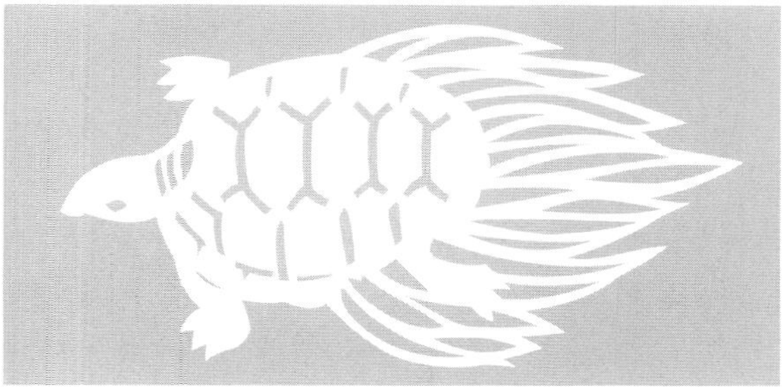

A TYPE

海老 ◆ 1

完成見本 P.40

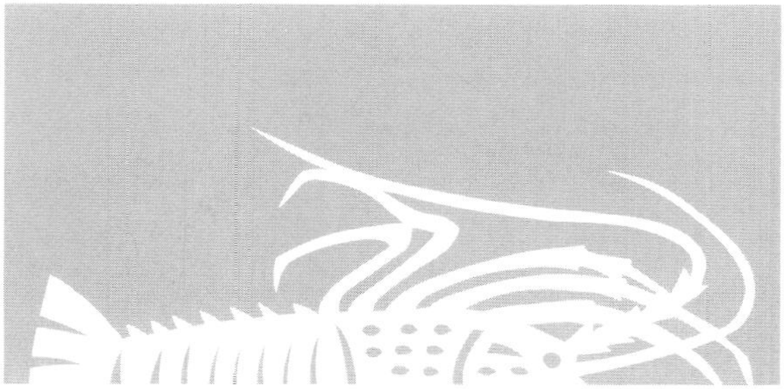

A TYPE 海老 ◆ 2

完成見本 P.41

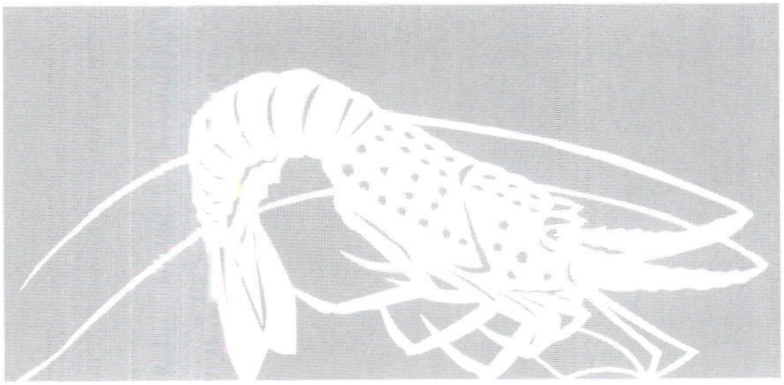

A TYPE 鯛 ◆ 2

完成見本 P.43

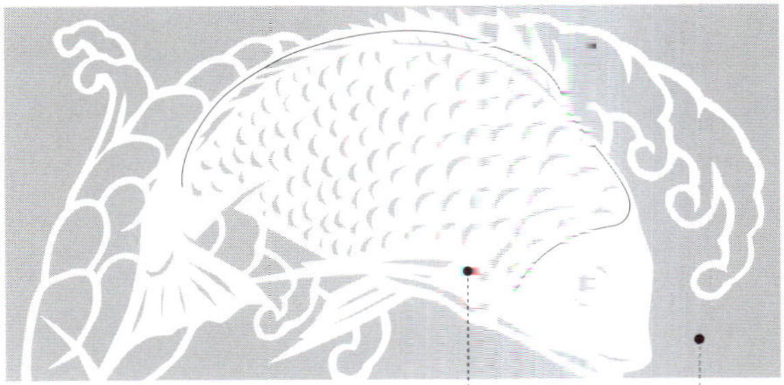

②波の内側を切る
①魚の内側を切る
外周を切る

A TYPE 朱雀

完成見本 P.46

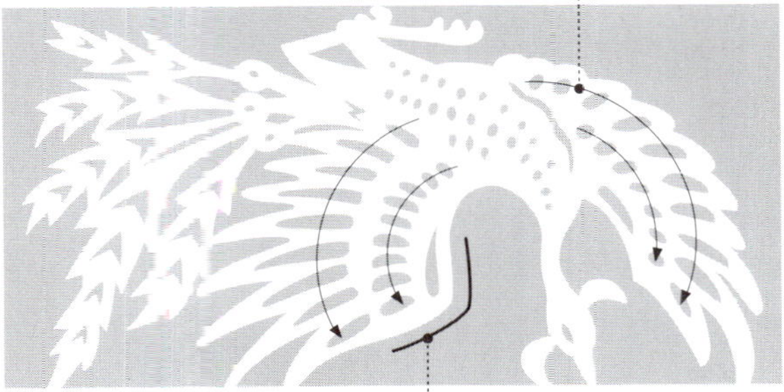

内から外へ切る
最後に外周を切る

A TYPE 玄武

完成見本 P.47

A TYPE 白虎

完成見本 P.49

A TYPE シーサー

完成見本 P.52

A TYPE 麒麟

完成見本 P.53

A TYPE 迦陵頻伽 ❖ 1

完成見本 P.54

A TYPE 龍 ❖ 1

完成見本 P.56

A TYPE 鳳凰 ❖ 1

完成見本 P.58

鳥を切ってから
外周を切る順番①〜⑨

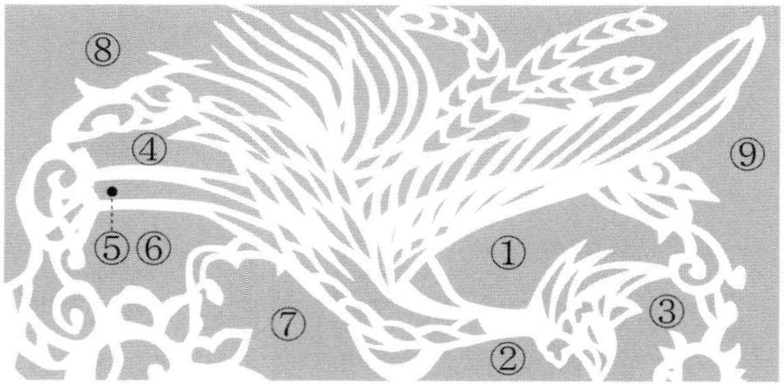

A TYPE 昨鳥

完成見本 P.60

A TYPE 子

完成見本 P.64

A TYPE 丑

完成見本 P.65

A TYPE 寅

完成見本 P.66

A TYPE 卯

完成見本 P.67

A TYPE 辰

完成見本 P.68

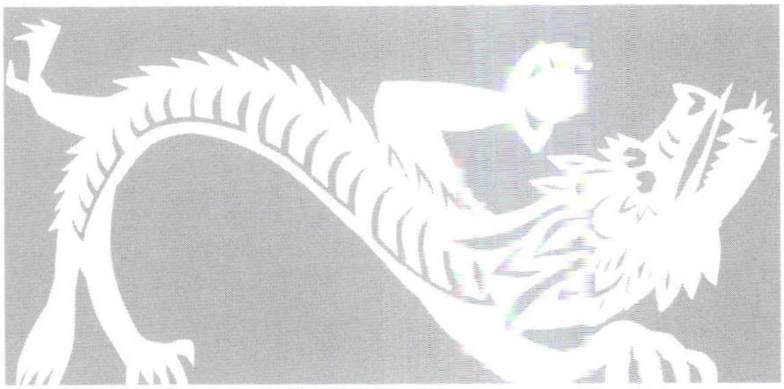

A TYPE 午

完成見本 P.70

A TYPE 酉

完成見本 P.73

A TYPE

蝶

完成見本 P.78

A TYPE

蜻蛉

完成見本 P.79

A TYPE

鹿 ◆ 1

完成見本 P.80

A TYPE

鹿 ◆ 2

完成見本 P.81

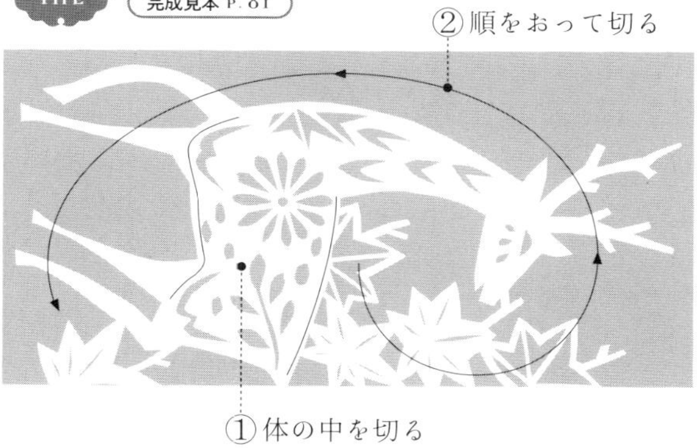

A TYPE

象 ◆ 1

完成見本 P.82

A TYPE

象 ◆ 2

完成見本 P.83

A TYPE 金魚 ◆ 1

完成見本 P.84

A TYPE 燕

完成見本 P.87

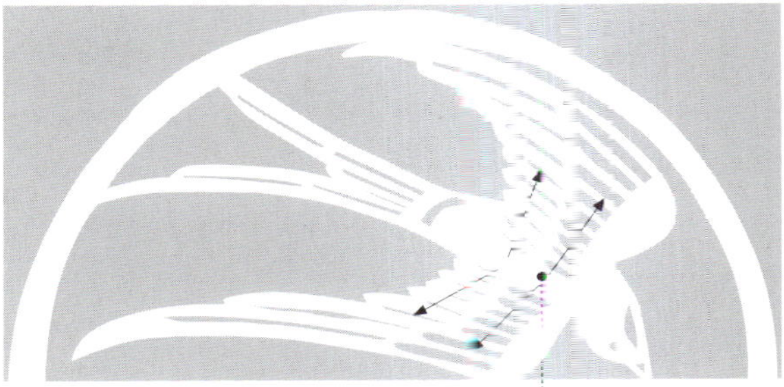

A TYPE 孔雀

完成見本 P.88

A TYPE 鯉 ◆ 2

完成見本 P.90

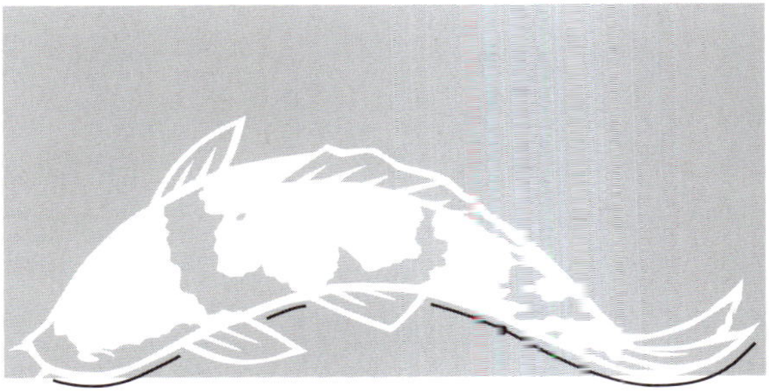

A TYPE 猫 ◆ 1

完成見本 P.92

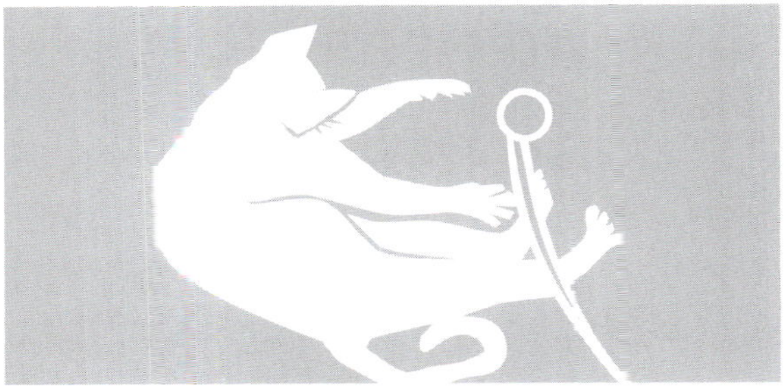

A TYPE 猫 ◆ 2

完成見本 P.92

A TYPE 松・1
完成見本 P.96

A TYPE 松・2
完成見本 P.97

A TYPE 竹・1
完成見本 P.98

A TYPE 梅・1
完成見本 P.99

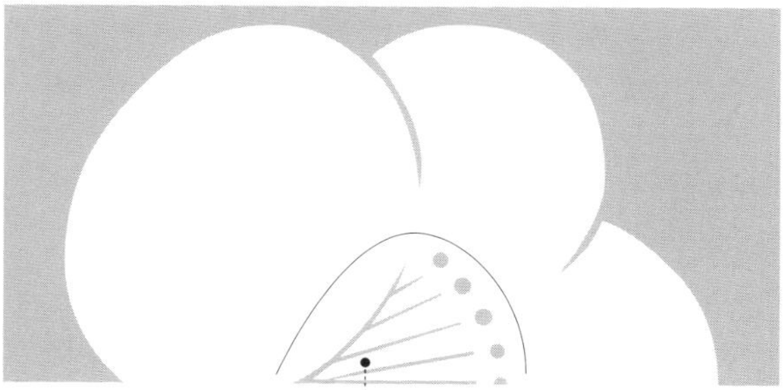

細目に切る。案外、むずかしい

A TYPE 桜・1
完成見本 P.100

A TYPE 菊
完成見本 P.102

③外周を切る

②葉脈を切る　①ぐるっと順を追って切る

A TYPE カーネーション

完成見本 P.103

A TYPE 百合

完成見本 P.104

めしべをていねいに細目に

A TYPE 牡丹

完成見本 P.105

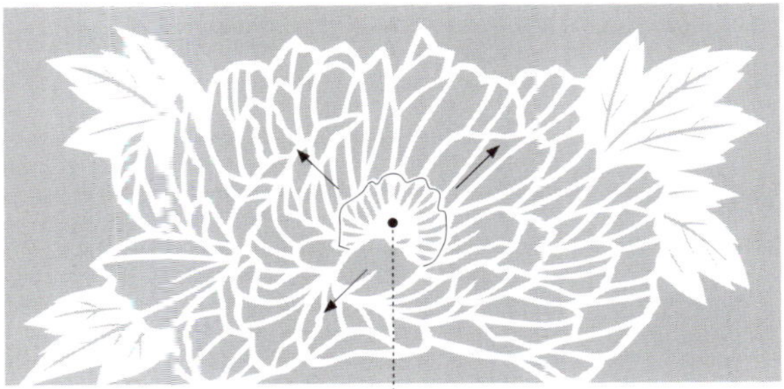

中心から外へ

A TYPE 蓮

完成見本 P.106

A TYPE 獅子頭

完成見本 P.112

A TYPE 門松

完成見本 P.113

A TYPE

独楽

完成見本 P.113

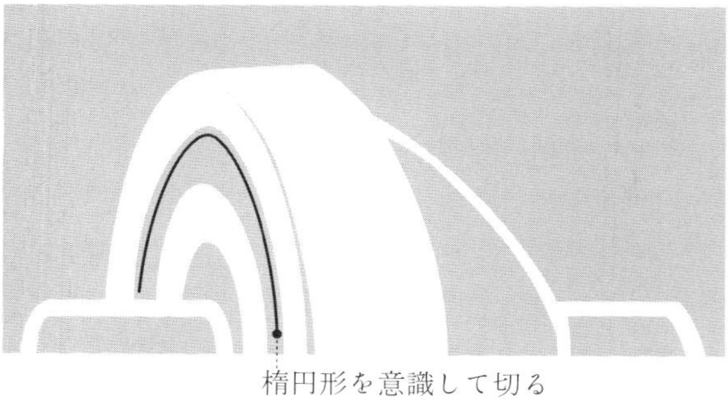

A TYPE

達磨

完成見本 P.114

A TYPE

鏡餅 ❖ 1

完成見本 P.114

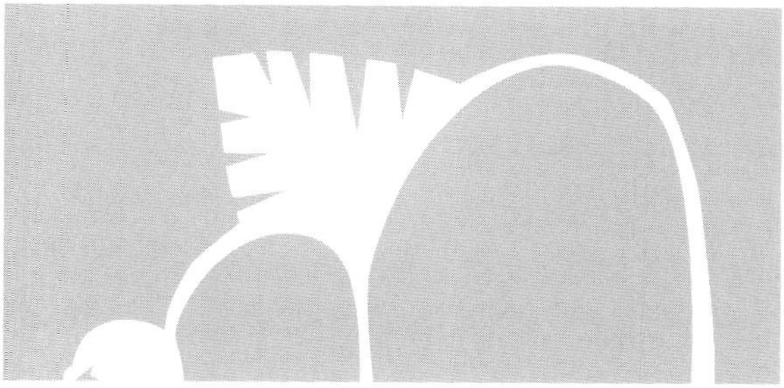

A TYPE

鏡餅 ❖ 2

完成見本 P.115

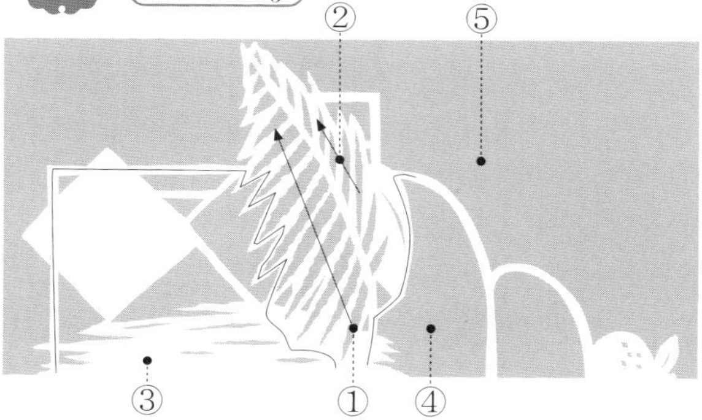

A TYPE

扇子

完成見本 P.117

A TYPE

当たり矢

完成見本 P.117

A TYPE 男雛

完成見本 P.118

A TYPE 女雛

完成見本 P.118

A TYPE 兜

完成見本 P.120

太くならないように！

A TYPE 月見団子

完成見本 P.122

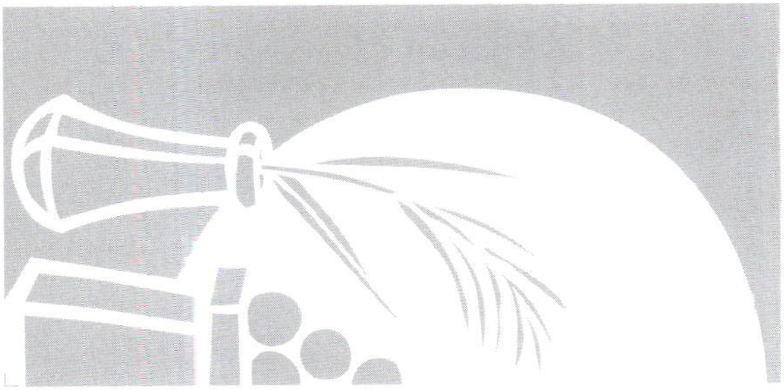

B TYPE 富士山◆3

完成見本 P.20

B TYPE 弁財天

完成見本

B TYPE 布袋
完成見本 P.33

外周注意

B TYPE 鶴◆2
完成見本 P.37

B TYPE 鶴◆3
完成見本 P.37

B TYPE 青龍
完成見本 P.48

D TYPE 富士山◆2
完成見本 P.19

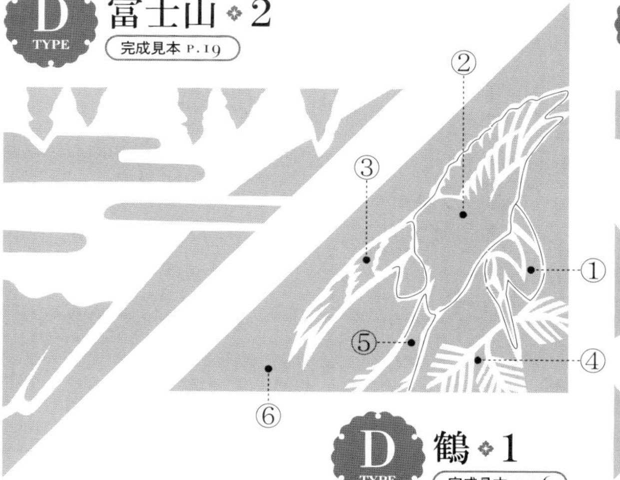

D TYPE 鶴◆1
完成見本 P.36

D TYPE 戌
完成見本 P.74

D TYPE 雛人形
完成見本 P.119

B TYPE 唐獅子 ◆2
完成見本 P.51

白ヌキの線を
根気よく均一に抜く

B TYPE 雀
完成見本 P.86

流れるように

B TYPE 祝鳥
完成見本 P.61

B TYPE 鯉のぼり ◆2
完成見本 P.[illegible]

E TYPE 寿老人
完成見本 P.31

E TYPE 鯉 ◆1
完成見本 P.90

E TYPE 桔梗
完成見本 P.107

E TYPE 鯉のぼり ◆1
完成見本 P.120

D TYPE 鮭
完成見本 P.91

F TYPE 鳳凰 ◆ 2
完成見本 P.59

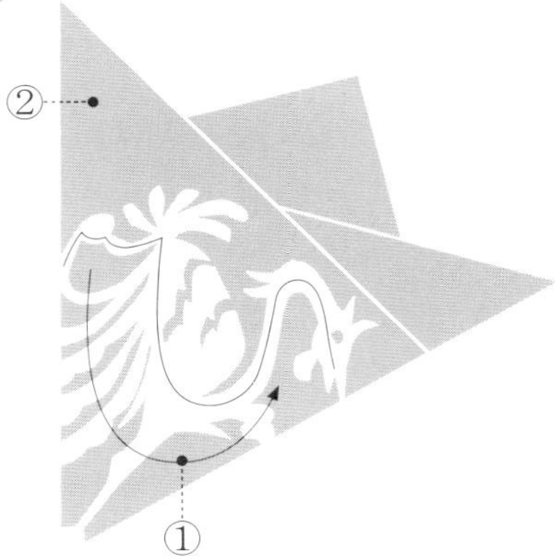

F TYPE 未
完成見本 P.71

C TYPE 鯛 ◆ 1
完成見本 P.42

C TYPE 唐獅子 ◆ 1
完成見本 P.50

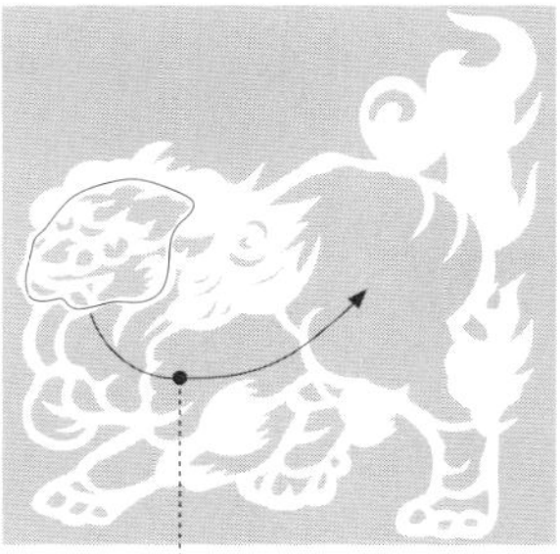

顔を切ってから順に

C TYPE 迦陵頻伽 ◆ 2
完成見本 P.55

C TYPE 龍 ◆ 2
完成見本 P.57

C TYPE 巳
完成見本 P.69

C TYPE 亥
完成見本 P.75

C TYPE 金魚 ◆ 2
完成見本 P.85

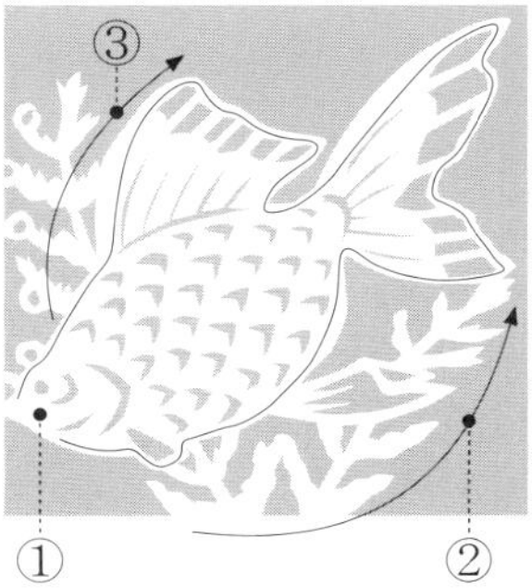

F TYPE 申
完成見本 P.72

F TYPE 竹 ◆ 2
完成見本 P.98

F TYPE 朝顔
完成見本 P.108

C TYPE 鴛鴦
完成見本 P.89

C TYPE 猫 ◆ 3
完成見本 P.93

C TYPE 梅 ◆ 2
完成見本 P.99

C TYPE 桜 ◆ 2
完成見本 P.120

C TYPE 桜 ◆ 3
完成見本 P.101

C TYPE 椿
完成見本 P.109

C TYPE 羽子板
完成見本 P.116

C TYPE 打ち出の小槌
完成見本 P.123

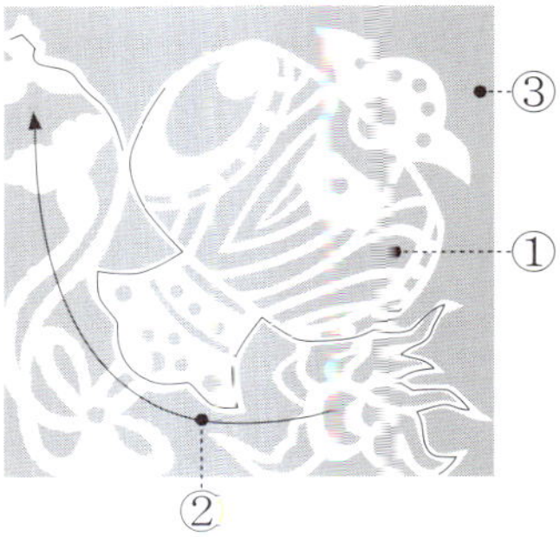

小宮山逢邦《こみやまほうぼう》

武蔵野美術大学芸能デザイン科演劇専攻卒。劇団研究生、着物染色図案家をへてイラストレーターとなる。着物図案の経験を生かし、切り絵制作を始める。時代小説の書籍装画、新聞、雑誌の小説挿絵を切り絵で多数制作する。『和を楽しむ 大人の切り絵』(廣済堂出版)、『出陣！戦国武将切り絵56』(双葉社)、『やさしいそのまま切り紙・ハサミだけで出来る花と風物編』(河出書房新社)など著書多数。また、アマゾンkindleおよび楽天koboでは電子書籍『切り絵のこころ』という作品集も発表している。国内、国外での個展・展示会多数。現在、東京造形大学非常勤講師。日本出版美術家連盟会員。

オフィシャルサイト

http://hoboing.net/

STAFF

編　集　井手邦俊
デザイン　平塚兼右、平塚恵美、
平田景子、矢口なな（PiDEZA Inc）
小沼郁代
撮　影　福井隆也
協　力　古民家スタジオ・イシワタリ

吉兆《きっちょう》を招《まね》く
神獣《しんじゅう》・七福神《しちふくじん》・花鳥風月《かちょうふうげつ》を切《き》って飾《かざ》る
福々《ふくふく》切《き》り紙《がみ》

2013年7月30日発行　NDC725

著　者　小宮山逢邦《こみやまほうぼう》
発行者　小川雄一
発行所　株式会社誠文堂新光社
〒113-0033　東京都文京区本郷 3-3-11
(編集) 電話03-5800-5751
(販売) 電話03-5800-5780
http://www.seibundo-shinkosha.net/
印刷・製本　大日本印刷株式会社

ISBN978-4-416-31333-6